微商创业的秘密

十八位身家千万的女微商见证实录

风人图书工作室　编著

天津出版传媒集团
天津人民出版社

图书在版编目（CIP）数据

微商创业的秘密：十八位身家千万的女微商见证实录 / 风人图书工作室编著. -- 天津：天津人民出版社，2018.1

ISBN 978-7-201-12853-5

Ⅰ. ①微… Ⅱ. ①风… Ⅲ. ①网络营销 Ⅳ. ①F713.365.2

中国版本图书馆CIP数据核字（2017）第329491号

微商创业的秘密：十八位身家千万的女微商见证实录
WEISHANG CHUANGYE DE MIMI: SHIBAWEI SHENJIA QIANWAN DE NVWEISHANG JIANZHENG SHILU

出　　版　天津人民出版社
出 版 人　黄　沛
地　　址　天津市和平区西康路35号康岳大厦
邮政编码　300051
邮购电话　（022）23332469
网　　址　http://www.tjrmcbs.com
电子邮箱　tjrmcbs@126.com

责任编辑　王昊静
策划编辑　禹成豪
装帧设计　金　山

制版印刷　北京天恒嘉业印刷有限公司
经　　销　新华书店
开　　本　710×1000毫米　1/16
印　　张　9.25
字　　数　137千字
版次印次　2018年1月第1版　2018年1月第1次印刷
定　　价　32.00元

前言

立秋，暑气顿消天渐凉，我也终于下决心开始写这篇对主编承诺已久并代本书前言的序文。

写东西对我来说是个非常头疼的事，此次下决心写是基于两个原因。第一，我经历了微商从诞生到发展的全过程，对微商这种商业模式有一些了解和看法，很愿意和大家分享，也想让更多的人了解微商。这些从事微商的女性背负着各种压力和误解，甚至鄙视，却依然一往无前，奋力前行，这是一个时代的精神，我想让更多的人，也让历史记住她们。

第二是出于感恩和感动。这不是客套话，是真心话。试想一下，如果能和上千个美女一起干事业赚钱，并且还能让更多的女人因为我们的产品而收获美丽，我却不心存感激，这就不单是不够厚道了，完全可以质疑人品。

此是初衷。

关于对这个行业的看法，我们不妨先扯远一点。中国工农革命过程中有五次土地革命，最后一次是新中国成立后 1950 年至 1953 年的土地改革，简称土改。这是中国共产党发动的一场以财富再分配为核心的社会运动，这场运动让广大的穷苦农民第一次拥有了属于自己的土地和财富。

言归正传。在我看来，微商是第二次“土改”，是社会财富的第二次重新分配。尽管所处时代和社会背景不同，起因也不同：一个是顺应民意，一个是互联网经济发展中自然诞生的。但他们所呈现的性质是相同的，都是对社会财富不均衡发起的挑战。

如果想弄清楚一个社会现象的来龙去脉，就要从社会和历史背景中去寻找真正的原因——改革开放以后加强加快大中城市的发展曾经成为国策，这导致社会资源、社会财富统统向大中城市倾斜，偏远落后地区与大中城市发展严重失衡，贫富悬殊迅速拉大，社会矛盾逐年上升，前些年仇富心理在社会生活中泛滥就是贫富差距过大的证明。近几年社会矛盾趋于缓和，除了我们政府做了大量工作外，不能不由衷地感谢互联网。互联网带动了经济的发展，产生了互联网经济。信息公平对等打破了区域间的隔离。微博、微信、QQ 等社交平台的普及为微商的诞生提供了肥沃的社会土壤。没有共产党就没有新中国，没有互联网就没有微电商。

微商的出现是一个社会群体逆袭，像一场不动声色然后又突然爆发的起义，没有预兆，没有宣言，没有组织，一切都是自发的，一哄而上，如同暴风一样。转眼之间，在人们还没弄清楚怎么回事的时候，她们已经站在了时代的风口上。在大城市打拼若干年才拥有一定社会地位的人有些失落了，他们费尽心血用多年营造的优越感崩塌了，他们苦心积累的财富一夜之间被一群社会底层的人超越了，他们十年挣的钱都不如微商一年挣得多，这不能不让白领们心里酸酸的。无奈抛下一句酸话：只要站在风口上连猪都能飞起来！ 这是每一场革命中失败者的典型心态。

科学技术日新月异，互联网的发展突飞猛进，覆盖全球，未来科技人工智能的热力扑面而来，人类把自己推到了一个从未有过的高度。“没有不可能”成为这个时代人类骄傲的宣言。

微商的萌芽是在 2013 年。如果在 2013 年之前有人说，你只需要一部手机，不用上班就可以日进斗金成为富豪，还可能成为新行业的领袖，能拥有别墅、豪车、顶级奢侈品等等，你会信吗？我想大多数人不信，但我信了。仅仅一两年，这一切真的发生了。当这一切如此真实地摆在眼前的时候，人们惊呆了，诧异了，甚至不知所措。但大家知道，奇迹发生了，这是真的，不是传说。于是乎，在还没有弄清微商到底是怎么回事的时候，人们便一拥而上，如同哄抢似的占据了各个互联网领域。变则生乱，乱则思治。所有的变革都会经历这样的过程。2013 年，微商初现，不宣而战崭露头角。2014 年，微商以面膜、化妆品作为先导，攻城拔寨，异军突起，所向披靡，并顺利挖到第一桶金，一年内迅速完成原始积累，来势之汹，速度之快是史无前例的。一时间各路英雄纷纷加入，包括演艺圈儿的明星也纷纷响应，各种面膜齐踊跃。那一年被称为“面膜年”。

2015 年，各路微商风起云涌，所售商品和销售模式花样百出。伴随着微商高潮的来临，各种乱象也层出不穷，丑闻不断。骗钱逃跑的，死皮赖脸不认账的，卖假货仿名牌的，忽悠人的骗子团伙等等也都趁火打劫。那一年微商名声大败。

正如来得快去得也快。

微商财富的迅速增长导致了部分微商的自我膨胀，拉帮结派，山头林立，是非不断，微商队伍开始分化。外部乱象丛生，危机四伏，内部骄傲自满，你争我斗，那一年也叫大乱之年。

2016 年，微商风暴减弱了，随着风力的减弱，曾经被风暴吹起来带到天上，被白领们称为猪的那些人和品牌纷纷坠地，一片狼藉。曾经雄心万丈的团队如草台班子一样如鸟兽散，被冲击得四分五裂的微商一边坚持经营一边开始思考微商的未来与出路。这是微商第一次认真地反思。那一年我们称之为反思年。

2017 年，痛定思痛的微商为自己找到了新的方向。他们重整旗鼓，开始走向新的征程。团队公司化、品牌企业化、企业规范化等等。微商从此不再是各自为战的散兵游勇，不再是短期行为的乌合之众，而是一个个紧密配合、高度团结的队伍，他们开始重塑微商形象。

所谓大乱之后有大治，如今的微商正是如此。

微商的出现才短短几年，但他们爆发出的能量却是惊人的。这是一场社会财富争夺的较量。而这一切才刚刚开始，方兴未艾，好戏还在后头。如果有人担心微商不会存在多久，我想大可不必杞人忧天。微商是互联网的产物，只要互联网在微商就不会消亡，这是很简单的逻辑。

整个微商的发展过程总体来讲大概就是这个样子。这之间还有很多细节和很多问题我们留给学者们去研究总结吧，这是专家们的事。过去的事就留给过去，那是历史的事，不去管它。该说说波碧水的微商姑娘们了。前几年虽然置身于微商风暴之中但我一直作为一个观察者冷静旁观，跟波碧水的微商姑娘们几乎没什么实际的接触更别妄谈了解。真正开始走近她们也只是半年前。

起初我听到的她们的故事都是一个个的片段，但渐渐地被这些零散的片段吸引了，我开始对号入座找故事的主人公。人太多，故事也太多，不能一一道来。还是请姑娘们自己讲述自己的故事吧。这也是本书的成因和我们最初的发心。

当我走近她们时我不由得肃然起敬。她们从大山深处，从偏远的小城，从草原，从被遗忘的村落走来；从困境、逆境、囧境中奋力挣脱来到我们的面前，像是赴一场前世之约。她们手无寸铁，只有不屈的精神；她们身无分文，除了梦想。她们不分昼夜地工作，不厌其烦地刷朋友圈，小心翼翼生怕招人反感，为了梦想她们宁可忍受卑微。知道吗？你每一瞥的鄙视，每一个不屑一顾的“呵呵”对她们都是一种伤害。她们和所有的女人一样爱美且敏感，都需要被尊重。经过艰苦的努力，她们获得了丰富的物质财富的同时也获得了应有的尊重。相比之下，实现自身价值远比获得物质财富更为重要。现在社会上还存在对微商的歧视，这真的不公平。

对微商的误解时间会证明一切，而对她们的歧视是缺乏教养的流俗。她们在苦寒中崛起，从困境中走来。她们每一个逆袭的故事都感人至深，每一段成长经历倍感心酸，每一段心路历程都催人泪下。走近她们，接受她们，倾听她们的心声，你一定会被她们感动。由衷感谢波碧水的姑娘们的一路陪伴，同时感谢所有曾经为波碧水做出贡献的朋友们，尽管人生有聚有散，但哪怕我们只相伴过一程，我也会报以三世感恩。

波碧水集团董事长

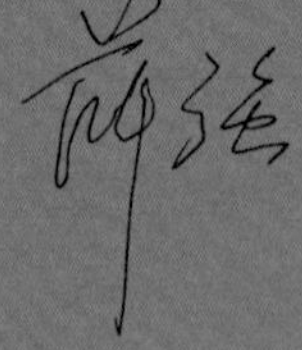

目 录

1 Young counter attack 年轻的逆袭

2 Be chief, also be mother 做统帅，也做宝妈

3 Balancing family with career

用事业平衡家庭

4 The road to self actualization

自我实现之路

1

Young counter attack

年轻的逆袭

任梦梦：丑小鸭和白天鹅之间只隔一颗玻璃心

>>>

——深蓝

谁也没想到，作为一个采访者和一个被采访者，我和任梦梦所达成的第一个共识竟然是最初对她所在行业的鄙视——“那时候我会把微商全拉黑！”心直口快的任梦梦这么说。

33 岁的她在微商中算是资深人士了，2014 年，她是波碧水品牌启动微商模式运营后第一批市级代理，如今，她的手下已经有一个强有力的销售团队，拥有年销量上千万的傲人业绩，成为品牌战略合伙人。

微商，这个特别时代的特别行业，在蓬勃发展的同时，也饱受各方面的非议。似乎就在 2014 年的某个时间，千万个微商从人们的微信朋友圈里冒了出来，一发不可收拾。人们不得不在浏览朋友圈的同时，阅读已经摇身变作微商的朋友所发的食品、服装、化妆品、手机等广告，这种贴身宣传的力度和时效，远超过历史上任何一种宣传手段。他们的销售业绩飞速增长，口碑却是褒贬不一。

把这个问题作为采访的开篇，任梦梦没有半点尴尬。

想成功，就不能有颗玻璃心

“没什么好尴尬的，本来就是有很多微商做得不好，这是实情。”任梦梦一袭休闲白衣，干净利落，语气斩钉截铁，自带领导气场。“如果连这点质疑都受不了，干脆别做这行。”

说起自己的“钢铁心”，任梦梦颇为骄傲。

最初做波碧水的微商代理时，尽管任梦梦天天在朋友圈里发图做推广，奈何自己朋友圈里只有40个人，一个月一件也没卖出去！没有客户资源，任梦梦压力很大，不能坐以待毙，她开始想各种办法，把自己的使用心得如实地写在朋友圈里，发家人用面膜的实景照片，在妹妹的美容院里做推广，甚至一个人跑到商场里推广。

“没有顾客，我就跑到我们当地最高端的一个商场，从一楼开始，去逛每一个店，再贵的衣服我都敢试。导购说，我们这件毛衣卖6800元，我就回答，这么贵，我得卖多少面膜啊？”当导购开始惊奇于任梦梦的好皮肤源于她自己销售的面膜时，事情就进展得差不多了。任梦梦适时摇身一变，成为皮肤专家，为导购姑娘们做起了皮肤咨询。就这样，她从一楼聊到四楼，服装、鞋子、首饰无一不试，最后只买了一副小耳环，却卖出了30盒面膜！加了20多个人的微信！见人熟，瞬间能跟别人打成一片，这也是种天赋。

“做销售这行就必须心理强大，如果你有颗玻璃心，别人一拒绝就心碎了，那怎么可能争取得到客户？”

要“心如钢铁”，还要“心灵手巧”。商场之行不仅卖出了面膜，还收获了更多——去商场给导购们送货的时候，任梦梦拍了很多照片，做了随行记录，最后还把商场的招牌拍了一张——这家商场是本地最高端的购物场所，相当于北京的SKP、燕莎。这组照片一发到朋友圈，评论区立刻就沸腾了：梦梦这么厉害，把面膜卖到这么豪华的商场里了！连任梦梦自己也没想到，这广告做得如此成功，闻名而来的客户越来越多！局面就这么打开了。

在做地面推广的时候，团队里的小姑娘经常因发传单被拒而难过，任梦梦就会拿自己的事例去鼓励她们：放平心态，我们的目的是把好东西分享给别人，同时赚取自己的劳动报酬，是利人利己的事，别人拒绝是因为我们没把工作做到位，没能让对方理解我们产品的好，这不需要你难过，只需要你继续努力！

总之，如果没有一个当国王的老爸，就别把自己当公主！想当白天鹅，就不能拥有丑小鸭的玻璃心！

我这么笨都可以，你为什么不行

“我其实很笨的！这些都是被逼出来的。”采访中，任梦梦一直强调自己是个“笨人”。

任梦梦出生在陕西县城里一个极普通的家庭，爸爸靠做批发烟酒的小本生意来养活全家，后来生意越来越难做，梦梦 20 岁的时候，小商店不得不关门了。之后爸爸承包了一些山地，去种葡萄、种枣，非常辛苦。作为三个孩子中的大姐，一家人的生计成了任梦梦的心头重担。好在不久，家里托关系让她进了一家西安的外资银行，可以挣一份工资来补贴家用。

2012 年，在西安的某外资银行里，一个傻愣愣的女孩穿着漂亮的银行制服，不停地被领导呼来喝去，做些没有技术含量的工作，表面听话乖巧，内心却焦灼不安，怕工作出错，更怕同事们投来嘲笑的眼光。那时的任梦梦就是过着这样的生活。

“那时候觉得自己好笨，什么都不会。”在外资银行工作表面光鲜，其实也会有业绩压力。家庭条件好，人脉资源好，才能拉存款完成业绩；再或者有很高的学历，有金融专业的背景，可以在业务上独当一面，也能受到重视。而年轻的任梦梦一无专业二无资源三无经验，只能做些零碎的杂活，想学习却无从学起，内心自卑至极。“估计那时候所有人对我的印象就是一个浑浑噩噩、无所事事的人。”

其实对于一个自认资质平凡的女孩来说，如果对生活没有太高要求的话，有份外资银行的工作应该就很满足了。一个月三四千块钱的工资，可以在西安过得很好。可当时 24 岁的任梦梦偏偏瞧不起这样生活的自己，“我觉得我的人生都能看到头了，待不下去了，这工作只做了两年就辞职了”。没有家庭背景，没有资源，想在如今的社会拼出一席之地，谈何容易！

新的工作并没有让任梦梦的生活有所起色。在 4S 店市场部，她每天面对的还是表格、网页和调研这些无聊的办公室工作。“我虽然笨，也不善言辞，但是我喜欢冒险，喜欢挑战和尝试，办公室的工作让我喘不过气。每天早上闹铃响的那一刻，就会想要辞职。每天睁开眼睛都是痛苦的，会对生活都没有一点激情，也没有心情去谈恋爱。”就这样想了两年，任梦梦终于又辞职了。

“我不知道自己想做什么，只知道自己不想做什么。”相信对于这个年龄段，刚刚步入社会的女孩们，大多数都会有这样的迷茫：未来的路在哪里？是要浑浑噩噩等着嫁人，还是朝自己心的方向去寻觅？就这样任梦梦在家赋闲两年，不知道自己该走向哪里。

如今任梦梦会把这段尴尬的经历讲给初做代理缺乏信心的姑娘们，我当年被人视作一无是处的笨蛋，现在不照样能把自己的事业做起来？你们比我聪明也比我漂亮，为什么会觉得自己不行？在她的鼓励下，连原来银行的同事们也来做她的代理，理由是：你那么笨都能做得这么好，我们太有信心超越你了……

切断后路，才能绝地重生

29 岁，那真是任梦梦人生最低谷的时候：没有钱，没有工作，没有爱情，只有因内分泌失调而导致的满脸痘痘，以及长期吃中药落下的蜡黄脸色。

当时有个好姐妹在做波碧水的微商代理，任梦梦在朋友圈里经常看到她发的宣传广告，但是并没有想买的冲动——“对于女人来说，脸只有一张，很少会有人在微信里看到一个护肤品，就跑去买吧？所以当时我把所有除她之外的微商都屏蔽掉了。”但是时间长了，梦梦看到朋友们展示使用后的良好效果开始动心了，在观察了一段时间后，终于尝试着买了一套开始使用。

结果不言而喻，一个半月后，任梦梦在照镜子的时候，发现痘痘已经没了，毛孔也变小了，肌肤变得水光白嫩。“真的太神奇了！在这之前我是很少照镜子的，因为已经失去信心了。之前也用了很多大牌护肤品，你知道女孩子买护妆品真的很舍得花钱，何况我是那么急于修复自己烂皮肤。但是那些国际大牌对我并没有什么效果，反而是波碧水救了我。”

这么好的东西，一定能大受欢迎！本着极其朴素的商业思想，“笨笨的”任梦梦终于找到了属于自己的那条路。就凭着微信朋友圈里的 40 个人，任梦梦义无反顾地开始了她的微商生涯。

“那时候我没有支付宝，不懂任何网上支付的软件，我觉得钱放在手机里面不安全，钱怎么支付我都不知道，就是这么白痴。”当时手里只有 3 万块，任梦梦就全部用来进了货。不出所料，第一个月，只知道天天发朋友圈傻等人来的梦梦没有卖出一盒面膜。

到第二个月的时候，梦梦改变了策略，开始在朋友圈发“真人秀”，比如自己的使用心得，自己的皮肤变化，和家人的使用情况等等，出去跟朋友聊天聚会都会带上产品。慢慢地朋友们开始惊奇于梦梦的变化——从一个蜡黄脸色、满脸痘痘的小妞，变成一个皮肤光洁的大美人。“我觉得最好的生意，不是赚钱，而是把好东西分享给别人，让她们感受到你的诚意，这生意就顺了。”

生意变顺了，梦梦第二个月早早地就卖光了3万块钱的货，此时的她信心满满，铆足了劲要大干一场。当时一个在教育局上班的好朋友还嘲笑她说，你竟然开始做微商了，不嫌掉价吗？

“我说，怎么了，你哪来的自信看不上我？你一个月就挣800，天天上无聊的班，我每个月挣2万，浑身正能量，你怎么跟我比？”梦梦的话很噎人，但也让朋友很受启发，主动要求做她的代理。那时候任梦梦没有招代理的概念，觉得一招代理利润就小了，面膜零售299元批发180元，少赚100块钱呢！这时候做生意的妹妹提醒她，招代理可能利润小，但是如果有更多的人都在帮你卖货，你的货会销得很快，总利润自然就会多了。梦梦恍然大悟，才开始鼓励别人去做，团队也就这样慢慢开始建立了。

终于，一个可以做大的机会来了。没几个月，任梦梦已经月销售过8万元了，当时波碧水要在西安市招一个市代理，要求每月都要一次性拿20万的货。梦梦想，为什么不争取一下呢？现在我一个月能卖8万块的货，只要去努力，20万是没有问题的！可以说，初做微商的成绩，让任梦梦有了前所未有的自信，也激发了她成就事业的激情。“尤其是当所有人都说你真棒的时候，你会觉得我真的很棒，会从内心去认可自己的。”

当时的她没有任何本金，却下定决心要拿到代理权。“我一夜没睡，打了一夜的电话，向所有我认识的人借钱！第二天终于凑齐了20万！到早上六七点的时候就直接打电话给当时的省代理，我说你把这名额给我，我马上给你打款！”那时候，任梦梦深切感受到了自己对财富、对成功的渴望。

背负20万的借款去做微商，对于一个不满30岁的单身女人来说，不得不说是一场冒险。但事情往往就是这样，把自己逼到没有退路，就会全力以赴，成功可能也就在不远处了。“第二天打完款之后，我把20万的货都拉回家了，人们看到都好吃惊：梦梦这么快就赚到钱了！看来这个生意真的是很好赚！所以说，你的货就是你的实力。当时我用了不到一个月的时间，就招到了五六个代理，把20万的货全卖完了！”

现在任梦梦的团队越来越壮大，她希望团队里的每个人都能拥有自己小团队，实现真正的成功裂变，每个人都能够做起来。谈到业绩，她暴露了自己的野心："我的期待其实是无上限的，没有一个确切的数据要求。因为当我的团队越来越壮大的时候，什么数字都有可能实现！"

做工作狂照样能赢得暖男博士老公

说到做微商的收获，任梦梦觉得没有什么能比收获一个暖心的老公更让人欣慰的了。

女孩子没有自信，她的魅力是没办法展现出来的，很难吸引到男生，而当事业有所成就的时候，丑小鸭就变身做白天鹅了。脸色蜡黄、满脸痘痘的时候，任梦梦的梦想是做个家庭主妇，恋爱却屡屡失败；做了微商以后，白嫩漂亮的她出入如同大公司高管，却再没有精力去谈恋爱。"我没精力，也没想法，只想把生意做好。"世上的事就是这么奇怪，当你不想依附别人的时候，别人反而会迎上来。

朋友介绍的男孩是一名做研究工作的博士，对于梦梦来说，这差距太大了，不会有共同语言，所以也就没放在心上，以至于第一次约会居然忘记了。"我们约了见面，但是因为当天要给客户送货，一忙就忘记了！之后我想，他们高学历的人，对时间这些细节要求也高，我这样的，一定 pass（刷）掉了，就没再想他。"但是博士却在看过她的微信朋友圈后，对这个独立顽强、冲劲十足的女孩很有兴趣，开始频繁约她。

"我告诉他我特别忙，真的没有时间，他说哪怕就是 20 分钟，过来看我一眼也好，或者一起吃个饭都可以。然后我就直接问他你是不是喜欢我？他说感觉挺好的。"然后任梦梦就以她独有的直觉告诉博士：她已经 29 岁了，没有时间谈恋爱，也不会谈恋爱，如果目标一致，都是奔着结婚去的，可以相处一下，否则也就不必见面了，因为她真的很忙，没有时间可以浪费。博士愣了半天，说，真是一个不浪漫的女人。

如今博士已经成了任梦梦的老公，会在深夜帮已经疲惫的她打包、发货，对她的微商工作非常支持。

任梦梦觉得，微商给了很多女人机会，她们可能因为照顾孩子、家庭没办法去上班，或者没有资本做生意，但是微商可以给人充分的自由时间和一个很小的起点。最关键的是，能让这些女人真正地与社会接轨，她们会因为做微商而知道每天这个世界上发生了什么，视野和圈子不会因为没有出去工作而变窄，这个很重要。

“一个女人的成功必须是活出自我的价值。”任梦梦认为任何时候都能保有自我，让自己的家庭圆满，让老公、孩子、父母，都能引以为傲。

那么你现在成功了吗？

梦梦笑了：“我是全家人的骄傲。”

这是一个傻姑娘成功逆袭的故事，它让我感动。任梦梦感谢这个多元的时代，可以让如她一样资质不高的姑娘也有靠拼搏获得财富和幸福的可能。微商，这个尚未有定论的新型商业，可能会成为一种新时代的主流商业模式，也可能会演变成另一种更时髦的商业模式，但无论如何，任梦梦很高兴成为这个行业的先锋，并获得一定的成功。也许将来，在中国的商业史上，会有这么一笔：在 2013 年之后的数年间，有一群靠微信朋友圈做生意的姑娘，人们把她们叫做微商，她们付出努力，获得财富，成为这个时代一个特别的标签。

柳毅：微商让我把磨难变成财富

>>>

——Jessica

见到柳毅，是头伏的第一天。推开商店玻璃门，就看见一个长发姑娘站在点餐台。听到门响，立刻侧过头来，对我露出氧气十足的灿烂微笑，看不出半点刚下飞机的旅途劳顿。她穿一件带着酷酷蝴蝶结和涂鸦的白 T 恤，非常 Funk 风，一双舒服的浅灰紫色渔夫鞋，端着酸奶和茶壶走在楼梯上，手稳稳的，一点也不晃。

没人会想到，眼前这个摩登的都市休闲女孩，曾拮据到在一间破败的教室里坐月子，为养活两个孩子不敢买自己喜欢的东西；又曾为生活拼尽全力，在冬天的雨夜骑车送货，几乎把自己冻僵……走过这样的艰难险路，如今的柳毅已经把过去的苦日子变成财富，成为年销售额达千万的杰出微商，是波碧水品牌战略合伙人！生活的磨难没有给柳毅的脸上留下痕迹，反而成就了她的乐观："有波碧水呵护我的皮肤，怎么会显老？"

没资本的结婚生子便是艰难险路

柳毅出生在贵州一个叫保冲的小村子，黔西南州，这里不要说村落了，就连城市都在群山的怀抱中。父亲是位医生，妈妈务农，除了弟弟，还有一个同父异母的哥哥。每天放学后，别人的背篓里只装着果蔬，而她的背篓里还装着一个小小的梦想，这个小小的梦想在柳毅的大学时代不可抑制地萌发壮大了，她连大一都没有念完，就办了退学回到家。“我要做生意。”她看着父亲的眼神没有丝毫畏缩，父亲的震惊可想而知，然而这位谨慎的医生并没有多说什么，只简单吐出几个字；“这是你自己选的路。”柳毅一点也不慌，虽然不知道命运要将她托付何方，但她的内心始终坚信——好日子就在前面。

因为姑姑的介绍，柳毅离开家进入了一家保险公司工作。一上来就是培训，对上课不感兴趣的柳毅，却被条理清晰、口才非凡的培训师征服了，“他是个很有能力的人，只是家里条件差些。”

恋爱一年多，两人很快结了婚，生下一对双生子。大喜的事情，家里却没有余钱，刚巧公公在一所学校做门卫，柳毅便跟老公带着两个儿子借住进学校一间局促的办公室。当了妈妈的人都知道，月子里的娃吃奶最频，每次吃不多，但饿得快，大的才哄睡，小的又饿了，且不时还要为他们换尿布，每一夜都在这此起彼伏间过得很辛苦。唯盼着婆婆白日来帮她照看孩子时，小睡一会儿。可不巧，他们借住的是一所小学，隔壁就是教室，电铃每 45 分钟便轰然作响，嗡嗡嗡飞出许多吵闹的学生，不知为什么，他们特别喜欢这个远离教室的角落，约好了似的，挤挤扎扎地全叠在柳毅的“家”门口，两个儿子更因电铃和喧哗声惊啼不止，“哪里有觉可补……还要用楼里的卫生间，就穿着睡衣，戴着可笑的月子帽走在楼梯上，尽量低着头，生怕被人看到笑话，而身体的亏空还没有补回来，脸色蜡黄蜡黄的……”柳毅的眼圈红了，泪水漫上来，谈话中止了。

吸引力法则其实就是，要坚持

柳毅杯里的茶凉了。淡淡的一圈红茶印逶迤地围在杯口。杏仁面包上的糖霜亮晶晶的，散发出诱人的香味。如今的安逸，反而令柳毅对以往的艰难更加印象深刻。

搬离学校，不是因为柳毅忍无可忍，而是因为教室要扩建，便是想听这每隔 45 分钟的电铃也没有了。老公全心拼事业，柳毅便做起了全职妈妈，老公每月给她 3000 元，除去基本的生活开销，还要给公公婆婆零花钱，为儿子添置必备的衣食，最后已经没有余钱留给自己买件喜欢的衣服了。经济上的拮据，伸手要钱的窘迫，都让柳毅时时刻刻都在想着改变现状。便是在这时，她遇见了微商。

那时的柳毅虽没有灰心，脸却是灰的。过时的观念认为一旦怀孕、哺乳便不许接触任何护肤品，虽然当时她也不过二十五六岁，缺水、缺营养的肌肤却让她变成了彻头彻尾的“黄脸婆”，痘痘、爆皮、晦暗不请自来，女孩子哪有不爱美的，她却没工夫在意自己的脸，她的时间被孩子和家务占据着，她的心被模模糊糊的未来的“大生意”占据着。

而她的“大生意”也终于寻着她的心跳，悄悄地靠近了。

因为“脸色”太差，柳毅被正在做地推的美妆品牌波碧水的推销员推荐了一只睫毛膏和一只唇膏，她觉得那款唇膏的颜色很好看，回家一用确实很适合她，很好看。柳毅激动了，她觉得自己终于碰到了一款靠谱的产品！好产品不愁没销路，想代理也不麻烦，只需要 5000 块的投入金。

拿着东挪西凑来的 5000 元，柳毅兴奋地进了货，盼着早点变成真金白银还债。然而，日子并不会因为你急或不急，就走得快一点或慢一点，她天天发朋友圈，终日讲产品的好处，口干舌燥却无人理会。一天、两天，“大概发了有两三个月的时候，忽然有一个姐姐留言说，她要买一只唇膏。”柳毅的眼睛亮了，她太兴奋了，就像哥伦布发现了新大陆，急忙忙跑去送货，“这是我的第一个顾客，我永远永远也忘不了她。”到今天，她们还有联系，已经成了可以一起喝茶谈天的朋友。那个姐姐当初下单，不过是因为看到了柳毅的坚持和寂寞，“她心地非常善良，当时就是很单纯地想买一只唇膏支持我一下，最让人惊奇的是，”柳毅顿了一下，露出仿佛到今天都不能相信的表情，“我根本不知道她为什么会出现在我的朋友圈，我们彼此不知道是怎么认识的，什么时候加好友的。”难道天意如此？柳毅笑起来，“我相信吸引力法则。”幸福的订单下了太久，当它在门外敲门的时候，还真容易让人恍惚。

跌到谷底，便是步步向上的开始

生意慢慢开始了有起色，然而日子并没有就因此好起来。

那是一个雨夜，“南方冬天的夜很冷的，我要去送货，两个大箱子，给下面的代理送去，她们着急卖，可是我不太会骑车，技术差，两个箱子又沉，掌不住把，摇摇晃晃的。我一个人迎着雨出去，外面黑黝黝的，我又冷又怕，又担心会滑倒，掉了货，哆哆嗦嗦地不知怎么骑到的。”再回来时，柳毅的手全冻僵了，根本不会动，一进屋便觉得又痒又麻，好像一万只蚂蚁在手上爬。花了好久才把外面的棉服褪下来，棉服早吸饱了雨。“这么一拧，”柳毅做了一个拧麻花的动作，“全都是水。”她在那一刻崩溃了，被别人坑惨了的时候，她没有哭；那么难，一只唇膏也卖不掉的时候，她也没有哭；可是那一刻，她崩溃了。

“不对，这不是我想要的生活，我不相信！为什么别人都过得那么好，单单我的日子过得这么狼狈？”手脚慢慢地找到知觉，柳毅的心却像是跌进了冰窟里，一直坠，一直坠，不知道谷底在哪里。孩子们已经睡了，老公在忙，柳毅的口袋里没有钱只有沉甸甸的欠条，无尽冰冷的暗夜围将上来，浸湿的棉服滴滴答答地淌着水。

没有人要她这样做，可这是她自已选的路，不想回头。人跌到谷底，其实应该说恭喜，因为接下来虽然辛苦，但每一步都将是扎扎实实的上坡路。天明之后，柳毅便开始了全新的事业和生活。“也是一个带我的姐姐跟我讲的，她说，这世界上没有卖不出去的货，只有卖不出东西的人。”柳毅一直觉得，自己卖出第一支唇膏全凭运气，

那位指点她的姐姐却说，“那是你三个月坚持不懈的努力。”“不是有一句话说嘛，”柳毅笑的时候，眉毛也会飞起来，“越努力，越幸运。”

一边用波碧水的产品，一边贩售，她的业务越做越大，脸色也越来越好了，“当初我要做代理的时候，大家还很担心，说没见过自己皮肤差，还能卖出去美容品的。可我就是自己用着真的好才做的呀，当初脸上的那些斑、干纹、暗黄都慢慢不见了，那些因为我做微商而远离我的亲戚、朋友也开始从我这里买产品了。”船过桥头，忽然就顺风顺水起来，不到 30 岁的柳毅，已经做到波碧水的最高级别“战略合伙人”了，到年底销售业绩就可突破一千万！当初请柳毅充数做保险推销员的姑姑，如今把自己的女儿郑重地交到她手上，想让柳毅带着她学做“微生意”。

做一个让男人欣赏的女人，堪比用了定情水

最让柳毅开心的是，现在她的经济能力已经可以和老公平起平坐了，“买房子、买车，都是他一半，我一半。”别人想向她老公讨教他们婚姻甜蜜、不争吵的秘密，他脱口而出：“很简单，柳毅没时间跟我吵啊，她太忙了，总是盯着手机。”老公只是嘴上抱怨，儿子的老师可就不客气了，有一次批评她对孩子疏于关心，参加亲子活

动不守时，她忙不迭地致歉，儿子却很义气地站起来护着妈妈说："老师，你不要说我的妈妈，我的妈妈很忙的。"柳毅确实很忙，做微商要做到对客户负责，积极反馈，怎么可能长时间不看手机？但在她看来，陪伴要以质取胜，高质量的陪伴比那种人在心不在的"假装"陪伴可强多了，不要说老公了，小孩子也很聪明的，如果你陪在他们身边，却心不在焉，还不如跟他们讲清道理，安排好自己的工作，再找出一块专门的时间，放下手边的一切事情，专心致志地陪他们玩耍，同时也放空自己，特别减压，而且，"你的好心情还会给之后的工作带来正能量哦。"

空闲的时候，柳毅也会安排一家四口的亲子游，每次她问老公去哪里好，得到回答永远是——"真的有必要吗？我看去哪里玩都一样，只要给你一间酒店就够了，反正你也不肯抬眼看风景。"话虽如此，老公讲完却马上开心地去订行程了。忙到都没时间看老公了，还能让老公如此死心塌地，她的爱情法宝总不会是定情水吧？柳毅露出神秘的微笑，"做一个让男人欣赏的女人，比定情水厉害一百倍。"

跟柳毅讲话很容易走神，因为她的眼睛就像小孩子一样可以透出明亮的光彩，尤其是说起帮助客户拯救了糟糕的皮肤，被人感激的时候，更是激动的满脸放光。

相信所有了解柳毅过去的人都会感叹，一个女人竟然可以借助微商的平台，完全靠自己的努力，从困难的生活中攀爬出来，成就自我，成就家庭。

我问她，成功是什么？她很快回答，就是做自己喜欢的事，买得起自己喜欢的东西，帮助自己想帮的人。她项间的宝格丽吊坠轻摇了一下，当她买下这颗黑陶瓷纯银吊坠的时候，有 700 元直接捐到了"救助儿童会"。波碧水的信念是"利己，利他人"，比起闪耀的玫瑰金，这是她现在更想做的事。

时兰：90后微商的另类成功法则

——陈薇

时兰比她的实际年龄看起来还要小，24岁的她有一张精致的娃娃脸，眼睛澄澈，又圆又大，顾盼间灵气流转。采访当天她穿了一件很酷的黑色饰白边针织套装，身材修长。我想她也许是想用沉稳的职业装来让自己显得成熟一些。

与她聊了近两个小时，没想到在这个年轻人的头脑里，感悟和经验已经积淀了不少，再加上她新新人类的属性，正是一个年轻跳跃与成熟多思的混合体。真觉得这个小姑娘身上有N+100种的可能性。

工作就是玩儿

最近时兰在微信上讲了一堂课，为全国5万多名微商新成员讲授如何打造高质量的朋友圈。

她的朋友圈我曾经认真翻看过，就像是逛一家特色鲜明的店面，赏心悦目，丰富有趣，而这正是她要传达的理念。

这种理念源于她的态度：工作和玩儿不分家。

“追剧是工作：要跟客户或者朋友聊得来，比如最近大家在追《楚乔传》，那我也要看，要跟着他们的步伐，便于沟通。

泡微博看八卦是工作：是在给自己积攒谈资，不落下任何一个有趣、有热度的话题。

看视频软件是工作：尤其要看搞笑的视频，遇到自己觉得有意思的，第一是分享，第二是激发我的创意，按照那个思路我自己再录一个，成为朋友圈的开心果。

看公众号是工作：我喜欢看咪蒙的公众号，它对我影响很大，创始人、公司也经历过开公司、倒闭、转战新媒体等一系列的变故，她从2015年开始写公众号，我也是那一年开始了微商之路，咪蒙的语言非常犀利，标题很吸引人，这是做微商需要的特质之一：吸引眼球。所以我每天睡觉前必须看她的公众号，从里面汲取我需要的东西。它是一个我看清社会百态的途径，看到不同人的故事，里面有挫败也有励志，也有一些可以借鉴的有趣文案，她的公众号让我获益良多。

写感悟是工作：除了看，我还会去写，曾经在朋友圈里发过那种几百几千字的长文，写我当时的所见、所闻、所感，和要表达的态度，让别人更清晰地认识到我是一个什么样的人，去了解我的思想。

拍照片是工作：走在街上的时候，我看到一个有趣的画面，就把它拍下来，或者看见很美的细节与光影，也会把它拍下来。一是可以当作我工作发朋友圈的分享素材，二是为自己保存记忆。”

其实做微商就是在经营自己的新媒体。风格独特，有热点，有意思的内容才会吸引人。时兰觉得能吸引自己的东西，客户也会有共鸣。她希望自己可以成为吸引别人的人。

“出于职业需要，我会关注很多广告，比如最近超火的江小白，他的文案对我就很有启发。有利于我开启自己的创意。我是双鱼座，想法特别多，以前会是想一下就算了。但现在我会更理性地去思考这些想法怎么实现，用什么方法实现，这需要不断地积累。我相信这个过程会对我的理念成熟有所帮助。有灵感了以后，我通常会把它记在备忘录里。没事就翻翻，看看我这段时间突发了一个什么想法，我这个想法怎么样，不断地梳理回顾。给自己写规划与备忘录，这是一个很好的习惯。”

看似爱玩儿的时兰其实一直都在求知，在做输入工作，具体主要是在学创作，因为这种学习是发自内心地喜欢，用的时候就会得心应手，灵感也会源源不断。

朋友第一　生意第二

每年上百万的业绩，这个小姑娘让每个想了解其中原委的人都好奇，而她给出的原因却很简单朴素。

“首先是可以全力以赴吧，我是全职在做微商，还没有结婚，也不需要带孩子，所以没有生活上的繁琐，基本上每天十五六个小时都是在工作，除了睡觉，就是工作，基本上没有其他事情，可能在这个方面比别人时间多一些。

第二个优势可能在于经历，之前我也是做护肤品销售的，熟知很多护肤品牌和专业知识，所以轻车熟路，上手会比较快。”

但真正成就时兰的并不仅仅是这两点，她的决定性优势是在走过艰难之后才发现的。

“开始也是磕磕绊绊。先是拿了 3 万块钱的货，借了朋友 1 万多，不知道该怎么做，

也没有人教，因为行业太新，几乎没有前辈。

那时候有点慌，在家待着干着急，吃不好睡不香，不知道拿这些货怎么办。调整心态后，她决定多出去找朋友聊一聊，通过老朋友认识新朋友，以交朋友为出发点，去扩展自己的圈子和人脉，那时候每天也没事，基本都不会待在家里。

就这样大概过了一个月，就有人开始咨询了，当时自己也意识到要提升专业能力了，就会去看书，看网上的帖子，去学，然后现学现卖地给人家讲解。”

对于销售，她有自己的理念，那就是：朋友第一，销售第二。

“若要生意做得好，首先朋友不能丢，这点对于我来说很重要。朋友们并不觉得我是单纯的推荐产品，而是信赖我这个人，他们刚开始出于支持买我的面膜，我就会用专业知识去服务他们，教他们一些护肤的技巧，帮他们改善皮肤，得到他们的认可。

就这样慢慢地积，半年后有了一个爆发点，生意变得好做了。

“做微商其实跟很多的销售是一模一样的，主要就是跟人打交道，一定是让顾客先成为朋友，像对待朋友一样的去付出，这个生意才能够长久。很多人把这个关系只定义为我与客的关系，并没有把顾客发展成朋友的心态，所以顾客一定会有流失。”

微商就是商业，有什么好质疑

对于自己从事的行业，时兰看的是比较通透的。

“因为我身边的朋友普遍都是年轻人，他们接触的消费形式多种多样，所以会比较容易接受微商这种形式，觉得微商只是商业中的一个类型。

主要的质疑还是来自于长辈，他们对网络了解不深，会不太信任，他们劝诫我随便玩一玩得了。

因为平时家人都在老家宝鸡，我自己一个人在西安，所以他们对我会比较担心，怕我上当受骗，我就告诉他们自己开了个网店，好给他们宽心。

而这种质疑其实对我没有太大的影响，微商就跟很多年前的淘宝是一样的，大家可能对这种新奇的购物方式不是很能接受，但是我觉得随着时间慢慢地推移，我们消费习惯改变以后，微商这个行业就会受到大家的认可。现在行业已经慢慢地正规化了，身边的人看我坚持了那么长时间，对我也比较信任。”

当然，这个行业商家和品牌良莠不齐，时兰也曾经深受其害。

“微商在 2013 年开始兴起，那个时候鱼龙混杂，什么产品都有，什么人都有，有很多人一夜暴富，赚完一笔之后马上找不见人了，因为是在网络上，随便换个头像，换个号就可以人间蒸发了，所以那个时候骗子确实比较多。

记得曾经接触过一个品牌，当时给大家的承诺很好，但是到后面都没有实现，而大家的钱都已经被那个公司拿走了。这就是做微商最害怕遇到的事情：选择了错的品牌。那次我带领自己的一个小分支的团队都沦陷了，损失了 20 多万。这对我们来说不是一个小数目。

虽然大家都是受害者，但毕竟是我牵的头儿，我说虽然公司不管了，我会永远地管你们。利用各种途径，尽量弥补大家的损失，用我自己的钱也好，带动大家去销售也好，想办法去要回款也好，这是我自己的一个信誉问题。

做生意不会总是一帆风顺，生意的成败就看你遇到事之后能不能扛得住，那时候有些代理开始有抱怨了，我只能默默忍受，自己吸收，同时还要去安抚。而当务之急更是要去想办法解决，每天白天要忙工作，所有事宜照旧；忙完之后，当所有人睡觉了，我还要再去想办法解决问题。

那真是一段艰难的时光，一个人在家，拉上窗帘，坐在黑暗里，不想听到任何声音，有朋友来找我说一点点话，都会觉得好吵，因为已经到了自己的承受极限，孤立无援，充满着恐惧。

该面对的就不能逃避，困难要一点一点解决，这个办法不行就再想别的。我觉得，在最黑暗的时候，反而是成长最快的时候，不仅提高了内心的抗压能力，还对自己的担当有一个新的认知。”

成功会有成功的所得，失败也有失败的收获。时兰背负着巨大的损失来安抚自己的合作伙伴，同时也学会了触底反弹，用她自己的话来说，“再坏也不过如此了。”在她还满是稚嫩的脸上，我看到了坚不可摧的意志。

从那之后，时兰再遇到顾客的刁难、合作者的背叛，都能云淡风轻地去应对了，因为她知道，这都是一种历练。

新新人类的成功秘笈

在历练中成长的时兰对于自己的成功脉络已经逐渐清晰：

首先是专注。大家对她的评价是：特别认真，能抓得住细节。对于每件经手的事情，其他人能够做到80%，她要求自己必须做到100%。

其次是专业。要想得到别人充分的信任，就需要不断地学习，让自己成为专业的人，当然这需要好的心态和长久的坚持。

要有压力。压力即动力，首先是来自自己的压力。因为这个行业没有人发工资，时兰每天睁开眼就要去面对房租、水电等各种支出，这种压力也是做微商的一个动力。

还有就是来自家人的压力。当他们得知时兰辞职从事微商以后，家人都很担忧，说如果这一行做不下去怎么办？但慢慢地，他们看到了时兰的成长。从 2015 年 1 月开始做微商，16 年 12 月的时候时兰已经自己付了首付买了房子，这让家人很安心。现在时兰自己也能讲课，给大家做培训。家人看到她与人沟通的能力变强了，思维变成熟了，有了一定的管理能力，甚至可以带团队了，这些都让他们越来越放心。

时刻学习。时兰总是提醒自己要保持一个学习的状态，要能跟上社会的变化，不是说达到某一个程度叫成功，而是说在工作的过程中，不管是在什么年龄段，“我现在是二十岁也好，我以后三十四十也好，每一阶段都能够有新的成长。

第一，因为现在父母年龄大了，他们可能会有一些突发性疾病，或者是老年病。这个时候我不希望经济成为我的压力，这个是我事业的成功让我能保证我的家人不受经济的压力。

第二，工作上认识的更多的人拓展了我的圈子，让我的思想一直跟着社会在进步，时刻保持积极向上的状态。

第三，我希望可以游遍全球。不是说纯玩，而是想看更多的人文，丰富一下见识。做销售需要跟很多人接触，多一些谈资总是有益的。我觉得各地方的文化是一本很好的教科书让我去学习，我愿意这样去学习。”

谈到人生的规划，时兰说自己想得很简单，每一阶段能做到自己能力范围里的极限就可以了，希望老了以后，回顾一生不敢说有多精彩，但是不留遗憾！看到年轻的时兰，就像看到微商的未来。像时兰一样的新一代年轻微商，根本不背包袱，她们的内心更丰富自我，做事更灵活洒脱，学习能力也更强。相信等这批 90 后成为微商主力的时候，这个行业也必然会出现一番比现在更为美好的景象。

位敏：
小商人也要有大格局

>>>

——严芳

初见位敏时，无论如何也不会把她和千万级别的品牌战略合伙人联系起来，眼前这位热情洋溢、充满青春活力的她，分明就是个涉世未深的邻家女孩。

聊了十分钟后，我开始发现，这个邻家女孩并不简单。她话语简炼、条理清楚，竟然给我一种幻觉：我是在采访一个微商，还是在采访一个500强的女高管？这个28岁的年轻女孩怀着百折不挠的韧性和对客户质朴的责任感，带着小伙伴们一起，努力实现着她们的梦想，只用了几年时间，从一个中专毕业的小草根，迅速成长为千万业绩的波碧水品牌战略合伙人！

偶遇良品，辞职做微商

“从小，我对金钱就有着一种特别的渴望。”位敏毫不掩饰这点。很小的时候，妈妈就经常教导她说：“女人不能靠男人养活”。妈妈的话给了位敏最初的信念：长大后一定要有钱，这样才能不依靠别人。现在，她对独立理解地更深刻了：心态上的独立才是真的独立，而要做到这点，首先经济上要独立。

中专毕业以后，年轻的位敏来到北京闯荡。最开始时找了一份手机销售的工作，主要负责淘宝、天猫等网店的销售，朝九晚五。“倒是挺悠闲的，可当时手机很不好卖，我这人比较没安全感，就琢磨着自己要干点什么”。

那时候，位敏脸上总是过敏。北京柳絮又多，过敏似乎更严重了，她心里着急，却对化妆品的知识一无所知，一过敏就抹 999 皮炎平，很快，她患上了激素依赖性皮炎。位敏陆续试过其他一些护肤品，钱花了不少，效果也都一般，皮肤过敏差不多每个星期就发作一次，让她不胜其烦，却又无可奈何。

一个朋友向位敏介绍说，波碧水产品可以修复过敏皮肤。299 一盒的价位，对于当时挣两三千元工资的位敏来说还是挺贵的，将信将疑，她只买了两盒。令她惊喜的是，没用几天她的皮肤就有了很大的改善，一个月之后，皮肤基本不过敏了！自己的脸就这么得救了？位敏觉得这个产品实在是太神奇了，她用过的其他护肤品简直不能相提并论。

突然间灵光那么一闪：自己一直想做点什么，这不就是一个好机会吗？她立即通过朋友和波碧水品牌的负责人沟通，询问产品的优势、售卖渠道，得知是自己开辟渠道代理销售，包括微商销售，觉得非常新鲜，“内心有股按捺不住的激动”。

“我不知道什么是微商，我的朋友圈里当时也没有一个人是干微商的，但这个产品我用过了，真心觉得它不错。尽管微商是新鲜事物，但并不妨碍我做这个决定，我得试试。”

面对新事物时不需要思虑再三吗？位敏就是这性格，做事从来不喜欢拖泥带水，宁愿做错也不愿错过机会。说干就干，她一点没犹豫。

位敏决定先在淘宝上卖波碧水产品。之前做过淘宝的经验立马就用上了，干劲十足的她很快地就把波碧水所有的产品信息都上传到网上，包括店面的装饰、产品图片的修图和拼图以及产品说明。通宵熬夜的她不仅不累，反而有一股莫名的兴奋。

那时很辛苦，白天上班，工作不忙时再偷偷摸摸地卖波碧水产品，把常用的面膜藏在办公室柜子里，趁着同事不注意悄悄地发货。得益于产品好，再加上位敏运气也很不错，第一个月她就赚了 3000 多，第二个月更是赚了 5000 多，第三个月竟然赚了超出她意料之外的 1 万 5000 多元，第四个月位敏就辞职了，她要专心做这个。

不知不觉中，位敏就做起了波碧水的代理，并迅速成长起来，这一切似乎都是命中注定一般。但究其根本，做事心态积极，喜欢未雨绸缪，提前计划，而不是消极抱怨等着被时代淘汰，是位敏能抓住机会的关键，而机会也恰恰喜欢照顾像位敏这样有准备的人。

“竞争是残酷的，在社会立足很不容易，如果我还一门心思地卖手机，恐怕现在面临的就是失业了。对金钱的渴望让我抓住了机会，找到了让自己真正独立起来的一条路。”

绝地重生，她靠动脑筋创出一条路

当时热播的电视节目《奔跑吧兄弟》的第一季里，王宝强敷的面膜就是波碧水的产品。电视播出来之后，位敏的淘宝店瞬间就火了。她一个人从早忙到晚上 3 点多，饭都顾不上吃，每天只能睡三四个小时，身体很累，但心里特开心，最多时一天能赚两三万，位敏觉得累死都值得，赚钱带来的快乐让她忘记了一切疲倦。

但事情不会总是一帆风顺的。公司开始对一些乱象进行清理，取消了之前的合作模式，重新确立一种新模式。这次的公司变革导致位敏流失了辛辛苦苦积累起来的代理和客户，当时的状况对于一个刚起步不久的小网商来说，打击几乎是致命的。

就在她苦恼如何东山再起时，一个很好的机会来了——新上任的孙总鼓励她做市代，可当时自己手底下没有一个代理，对产品销售还处于摸索阶段，一个月十万的销售额能否完成？她有些犹豫不定。然而想要赚钱的欲望是如此的强烈，再加上孙总的认可和鼓励，动力超过了压力。钱不够，位敏向同学借，凑足了钱她毅然决然地拿了10万的货，准备撸起袖子大干一场。这个举动让身边的小姐妹们都惊呆了。

“工作已经辞了，没有任何退路了，我看着满满一屋子的货物，真的特别恐慌，压力特别大。”说起那段奋斗拼搏的日子，位敏依然有些抑制不住的激动：“我这个人做事情就喜欢切断一切后路，釜底抽薪，这样才能义无反顾地往前走。”

前方的路困难重重，虽然产品在淘宝卖得不错，但那是跑男的明星效应带动的，当热潮退去，又该何去何从？

当时有些代理卖货时糊里糊涂的，根本不知道自己卖了多少货、赚了多少利润，更无从对客户进行管理。位敏发现了这个问题，爱动脑筋的她引进了一套客户关系管理软件。每天货品的入库、出库数量、客户信息等都会记录下来，这么做虽然会耗费一些精力，但价值也慢慢显露出来：“条理特别清楚，没有糊涂账，我每天都知道自己有多少存货，赚了多少钱。这样既给我压力，也给了我动力。虽然我是个小商人，但我希望自己有大格局。”

发现软件的价值以后，位敏不仅自己每天做账，而且要求自己的代理也这么做。通过精细化的管理，代理发现自己实实在在地赚钱了，特别开心。每次客户购买产品，位敏总是能快速地找到客户的资料，比如皮肤特点、地址等，客户也觉得很高兴，认为位敏不仅重视她们，还很专业。

除了用软件管理自己的生意之外，她还积极学习护肤知识。波碧水属于专业性的护肤品，它不像普通类的产品，谁都可以用，用和不用差别不会太大。专业性产品针对的是特定状况的皮肤，不仅能解决皮肤问题，还会让你的皮肤越来越好，只有真正了解自己的产品，找到客户的需求和痛点，才能真正地留住客户。每次公司组织培训，她都听得很专心，记录重点，还会找很多美容专业的书籍来扩大自己的知识储备。

为了深度了解自己的产品，这些年位敏不仅自己坚持使用，而且还从网上购买别的品牌产品，从使用效果、价格等各个方面去对比，看看自己的产品是否物有所值。“自己不用，或者自己觉得不够好的产品，我是不会推荐给客户的，否则你很难真正地说服客户。”这是位敏一直坚持着的信念，这么多年下来，她还没有发现比自己家产品性价比更高的护肤产品。

正是这样认认真真、一点一滴地积累，位敏的专业水平逐渐提升，对常见的皮肤问题都能轻松应对。现在，如果有客户找她咨询，她很快就能找出客户的皮肤问题，有针对性地提出解决方案，并推荐最适合的护理产品。正是这种严谨且专业的态度，使得她赢得越来越多客户的信赖，不少人还成了她的知心好友。

在位敏的心中，赚钱很重要，但更重要的是能长久地赚钱。位敏没有高深的理论，但她凭借着对客户质朴的责任感，认真执着地提升自己的专业水平，开动脑筋解决遇到的各种问题。她的路走起来并不轻松，但却越走越宽。

从事微商四年，走到今天这一步特别不容易，她非常珍惜。公司新改革之后，所有的代理都是她重新招募的，从开始的一个人到现在的 82 个人，所有人都是正规代理商，而且每个代理商基本上在两三个月之内，都完成了全年的拿货任务，每个人都真的赚到了钱。这让她有了很强的成就感，也为队友们感到自豪。

实现梦想，坦然享受梦想的日子

如同所有的“北漂”一样，刚来北京时，位敏租的屋子很小，晚上看着万家灯火和车水马龙，她就在想，什么时候才能拥有自己房子和车呢。那时候工资特别少，觉得房子、车子都是奢望。

要改变现状，过上自己梦想的生活，只能靠自己去拼。做微商以来，位敏每天忙得

没空吃饭、睡觉，没有周末，没有早上、晚上的概念。晚上上床睡觉是因为头疼了，不是因为天黑了。她现在最大的奢望就是晚上 10 点钟以前可以睡觉，但从来没有实现过。

位敏的大拇指现在不怎么灵活了。就像机器一样，使用的太频繁，过度劳损了。虽然她知道这样做对身体不好，但是她不想错过这么好的机会。如果她现在不干了，是对团队的不负责，对客户不负责，对自己也不负责。就像是盖楼盖一半突然停了，对谁都不好。

28 岁，这个年纪正是谈恋爱的年纪，位敏却不敢恋爱，因为没有时间。最大的爱好就是赚钱。有时候压力太大了，有点受不了了，她就开车出去溜一圈，或是去坐坐地铁，看看地铁里辛苦奔波的人们。“每个人都那么辛苦，我这么年轻，又有这么好的机会，有什么理由不努力呢？”转一圈以后，她又满血复活了。

位敏刚来北京时才 21 岁，有男孩喜欢，位敏可开心了，可现在有人喜欢，她已经没有什么感觉了。“如果有一个男性朋友约我去看电影，我第一个想法就是不行，会耽误我工作！有太多事要做，时间总是不够用，任何工作和家庭以外的事，都会让我觉得是在浪费时间和精力。现在自己的选择多了，有资格去挑选了，这些对我反而不那么重要了。”如今 28 岁的位敏一点儿也没有年龄大了的紧迫感，更不担心自己有一天会成为大龄剩女。

“虽说工作是为了更好的生活，但是生活包括很多，每个人追求的方式不一样。我最大的兴趣就是赚钱，家里人缺什么我就可以给他们买，这是我的动力。我也很喜欢这个工作，能赚钱，能给我成就感，还能跟大家相处得很好。”

辛苦工作终于换来了理想的回报。如今，年纪轻轻的位敏不仅靠自己在北京立足，而且事业也做得风生水起，也算是成为姐妹眼中的成功人士。谈起北京的房车，位敏笑了：“前几天郑州的一个代理想来北京参加公司活动，家人都不支持，主要的原因是担心赚不到钱，她就跟自己老公讲，我们老大在北京有车有房，她老公马上就同意了。很多时候，你跟人谈愿景、长线，其实说服力不够，你向她们展示你的成功，她们会看到，只要努力，迟早也会像我一样实现梦想，这胜过千言万语。”

位敏对自己目前的状态很满意。自己没有花家里的钱，也没有依靠任何人，花自己挣来的钱，花得格外坦然、格外享受。

微商的创业成本低，但是这一领域并不适合每个人创业，多数的创业者其实也根本没有挣到钱。位敏学历不高，但是她有大格局，喜欢不断学习，让自己成长为这个行业里的专业人士，并且代领团队成为拥有专业素质的销售团队，最终赢得成功。微商，给了她们机会，而她们也必然让这个行业越来越好。

郑天真：谁说 MBA“富二代”不能做微商

>>>

——celia

2017 年初，关于“社会阶层固化”这个话题一度被炒为媒体热点，其中包含着强烈的社会情绪：为什么社会阶层的跃升如同绝壁攀岩，从底层仰望顶层，很难识别出最便捷有效的上升通道；而从顶层回望底层，上升路径一目了然，清晰无比。通俗地说这一社会现象，就是“龙生龙，凤生凤”。

郑天真，28 岁，MBA 学历，有一张不输明星的脸，一副不输模特的身材。出生于商人家庭的她，属于标准的“白富美”阶层，习惯于衣食无忧的生活，也耳濡目染生意场上的运筹帷幄和攻城略地，在这样的环境中成长，她比同龄人显得成熟很多，自我调侃“从小自带做生意的基因”。

大学时期开始创业，当同学们还在投简历找工作时，她已经拥有了第一家公司，打拼不到十年就在山东省淄博市做两大品牌的微商代理，仅淄博市就拥有七家中高档品牌体验店，身价千万，用网络流行语来说，这就是“开了外挂的人生”。

不做“富二代”，只做“创二代”

当大一新生还在适应大学生活时，她就找到了第一份兼职，在学校附近的艺术品拍卖行做礼仪小姐。“开始只是抱着体验生活的心态，工资是按小时收取的，赚了点零花钱。”做了两周礼仪小姐后，郑天真开始琢磨新的赚钱方式了，“我对新鲜事物比较好奇，干了一段时间后，基本上已经熟悉了拍卖活动的流程，与其给别人打工，为啥不自己干呢。”从礼仪小姐到拍卖行女老板，角色的转换她仅仅用了两周时间。“我开始在学校附近寻找合适的场地，联系书画作者，自己组建了一只小团队。”

初步分析了拍卖市场行情后，郑天真将拍卖时间定在中午两个小时和晚上两个小时，“有针对厂家、收藏家等专业场次，也设计了针对普通书画爱好者的大众场次。”，除了对受众群体的定位，她也考虑到产品资源的优化。在艺术品收藏界，有“得北京者得天下，得山东者得北京”一说，山东艺术品市场尤其是书画市场在全国举足轻重，业内人士粗略估计，每年山东流向艺术品市场的资金达数十亿元，字画、古玩、瓷器、玉器等艺术品市场的规模和交易额均排在全国前列，尤其是当代书画市场，山东市场占到了全国超 50% 的份额。

“挖掘更多的作者资源很重要，一方面要有一定的艺术审美，另一方面要有艺术品的经营头脑，一幅作品我拿到的价格是100元左右，在我这里，大部分作品的最终成交价能达到800元左右，不会用暴利去扰乱市场，而且利润也足以维持我们的经营和发展。”

此时的郑天真还不足20岁，第一次的创业“试水”就给她带来了200多万元的“第一桶金”。

用100万买一节失败课

马克·吐温的著名小说《百万英镑》讲述了一个发生在上世纪初的英国的故事，一对富豪兄弟用一张面值百万英镑的现钞打赌，看这张钞票是会给人带来无尽的财富还是只是一张一文不值的“小纸片”。财富对一个年轻人到底意味着什么，巨额财富的承受力在哪里？这也是“阶层固化”里的另一个议题——“钱到底会不会改变一个人。”

大学毕业后，郑天真一鼓作气用自己的“第一桶金”开始了新的征程，她在市中心投资了一家咖啡厅。“这家咖啡厅有1000多平方米，40多个员工，9点开门，一直营业到深夜2点，在当地算是投入比较大的店面。”

然而，咖啡厅的运营并不如她之前构想的那般顺利，和拍卖行不同，环境维护投入、人力成本、高昂租金，和庞杂的日常开销，每月入不敷出，三年后，咖啡厅项目以失败收场。

“赔了100多万。”郑天真为此消沉了半年多，“那半年里什么都不想做，让自己休整了一下，空闲的时候就一直不停地想，自己究竟想要什么。”

有人会说，有钱人的成功在于他们输得起，而在郑天真看来，对待财富的角度在于心态，比如说把失败看成另一个模式的经验累积，“一百万买一节实战课很值，从中我理解了实体经营需要什么，如何提升自我，扩展人脉，搜寻投资机会等，然后再通过经验总结去获得更多的‘钱’，实现正向循环。”

无论做什么行业，郑天真都把自己定位为一个“初创者”，从第一家拍卖行到第一家咖啡馆，郑天真在与税务、财务、上下游供应商对接洽谈的过程中，在逐步成长。“开家咖啡店，折腾半天可能卖掉的就是一杯咖啡，但是，如果没有这些在社会上打拼过的经验积累，就不可能有今天我的心态。”郑天真说。

颜值是我们团队最基本的入门标配

2013 年 4 月，从“休整期”逐渐调整过来的郑天真开始涉足微商，“一开始只是因为皮肤过敏，我用了这个产品，觉得挺好，于是决定自己做一下代理。”

和其他微商不一样的是，郑天真做微商的出发点还在于希望用年轻一代的商业视角，引入新经济思想，以此与传统企业产生不一样的化学反应。

郑天真代理了两个品牌，一个是中高端护肤品波碧水，另一个是日常食品，护肤品已经做了四年，团队管理相对比较稳定，虽然只有 300 多人，但集中了区域里实力、能力和资历比较强的代理商，她实施“集中管理，适度放权”的方法，将精力投入在规划制定和团队能力建设上。“有些人纳闷，同样是微商，为什么我的朋友圈没有像别人那么多的到货反馈，产品反馈刷屏等。我想说，术业有专攻，我的时间和精力确实没法放在刷圈上，每天团队收货、发货 2 万箱起，给团队规划布局、解决问题是我工作的重点，用业绩说话，不虚张声势，脚踏实地才是我的风格。”

在郑天真管理的“特种部队”里，有两个招牌特征，一是颜值高，一是年轻化，“颜值是我们团队最基本的入门标配。”这支团队的成员大部分都是 90 后，而且外形较好，在出席各大电影首映式、时尚活动时，“我们团队的任何一个人，都可以成为品牌的颜值担当，能做品牌形象代言人，与明星同框毫无压力，年轻，有活力。”在 90 后消费者群里，打“颜值牌”无疑为品牌的传播输入了强心剂。

在郑天真看来，“颜值”只是她商业策略的一步，而这背后需要更多的付出和品格的支撑，“很多人只是看到我们光鲜的表面，看不到我们的努力，在最初的时候，一个人如果干一件事情能够坚持下来，那他能坚持下来的事情就会越来越多，并且他越来越容易坚持，‘坚持’就成了他的品格。”如果你认为富二代创业一定是舒适的总裁路数那就错了，夏日炎炎的淄博市白天气温超过 35 度，采访前她刚结束长达六小时的扫街铺货，晒到几乎爆皮！“做微商就得扎根于基层。”新地区的库房需对接各家快递，郑天真顶着烈日到快递公司一家一家去谈，目的只有一个，给代理们省钱，哪怕每件只省了几毛钱，“今天下午晒的脸爆皮也值得！因为我知道，我的伙伴们赚钱有多少不容易，每件省下的几毛运费，一个月下来她们至少就能给自己多买一件衣服，给孩子多买一件玩具！值！脸一点不疼。”

“其实微商在本质上同任何一种商业模式没什么区别，都需要从业者的坚持、专业、肯吃苦。我希望能把微商业做得时尚，让全职妈妈、白领、大学生等不同的人群都愿意来尝试创业，我也会很有成就感。”

如今，郑天真团队高层代理架构图显示人数已经超过了 1500 人，加基层代理 1000 多人，总人数在一周内就突破 2500 人。“我们的团队来自五湖四海，有企业高管，也有普通职员，在这个团队里，大家都是平等的。我相信，我们团队在稳、大、强的基础上，会创造更多的奇迹。”

做成功微商，先做疯狂“学霸”

“跨界、裂变、杠杆、创新、大数据、复利倍增、共享经济、分享经济新时代的种种思维模式，如果你不读书，不学习，没能力接纳新事物，做这份工作就会很困难，连别人说你做微商是传销，是骗人的，都不知如何反驳。任何一次财富的缔造必将经历一个过程，先知先觉经营者、后知后觉跟随者，不知不觉的是消费者。”

郑天真在“铸梦前行，领航微来”总裁班上分享到，“很多人看不懂我为什么每个月都要花大量的时间、精力和金钱到全国各地去参观和学习，人生路上学历只是铜牌，能力是银牌，人脉是金牌，只有思维才是王牌。”

这位“学霸”执着起来，总是让人觉得她在“自虐”，郑天真的工作量已经超过了一般人承受的负荷，即便在这种情况下，她也从来没有放弃过学习。用团队小伙伴的话来说——“她不是在工作，就是在学习，要不就是在奔赴学习的路上”。

“每次出来学习都会发现天外有天，人外有人，不仅有超级爱学习的优秀企业家、微商界的操盘手，还有好多95后的新生力量，能力不容小视，思维能力和执行力都超强。总有优秀的人比你更努力，所以你更不能停下学习的脚步，一天差一步、一年差百步。太可怕了！人千万别把自己淘汰！”

除了参加管理理论、专业知识的培训外，她还会去“自找苦吃”。今年夏天，郑天真参加了为期三天的“魔鬼式”野外培训，这位微商女强人在培训里被训哭了两次，虽然说有泪不轻弹，但她觉得这泪流的很值，因为更深刻领悟到，无论多大的困难，只要团队同心同德，都是可以克服的。

“在商业协作方面，没有比微商更紧密的商业模式了，这种紧密合作，不仅仅促进了销售，达到了最大的盈利目的，更让合作中人与人的关系变得更亲密，甚至产生了战友一样的情谊。这一点，同其他商业模式有很大区别。能够取得今天的成绩，我为我们整个团队感到骄傲。人生何尝不是如此，突破自己，战胜恐惧。团队协作，真的可以爆发出无限潜质与奇迹。”

“以金相交，金耗则忘；以利相交，利尽则散；以势相交，势败则倾；以权相交，权失则弃；以情相交，情断则伤；唯以心相交，方能成其久远。”这是郑天真一直遵从的信念。

年轻的郑天真不愿被贴上富二代的标签，她希望以自己的学识和勤奋成就一番自己的大事业，从而去影响一批人，尤其是同她一样的年轻人。“如果一定要贴标签，我希望自己是‘创二代’！”

2

Be chief, also be mother

做统帅，也做宝妈

薄冰武丽：单亲妈妈的成功逆袭

——陈薇

“听说过有这么一种蝉，名字很特殊，叫十七年蝉，它在漆黑的地下洞穴中蛰伏十七年才能羽化而出，而后在光明中生活不足一年，完成一生中最重要的使命——交配延续种群，随即死去。

曾经为此而惶恐，不知道我是否也曾在黑暗中期盼了几万年，才换得此生百岁的光明，为了化解这莫名的惶恐，我希望这一世，要让自己活得自在。”

这段文字节选自薄冰武丽发在朋友圈的一段随笔。对于身有残疾的单亲妈妈武丽来说，生命中的黑暗要比常人多出很多，而能让她羽化而出在快乐沐浴阳光中的，正是眼下的这份微商事业。成功逆袭的武丽，不仅赢得了财富，也赢得了自信。

不完美，我才会更努力走向完美

上天弄人，在武丽很小的时候，一场大病使她的双腿落下了残疾，虽然对日常生活影响不大，但却无法像普通女人一样优雅地走路。这样的孩子会出现两个极端，要么让自己变得更强更独立，要么就会破罐子破摔。

而她选择了前者，“我一直很独立，从小什么事情都自己做主，5 岁开始学画画、弹电子琴，还有舞蹈，虽然不能跳高难度的，但我都会去尝试。还有很多运动也很喜欢，羽毛球、乒乓球、爬山我都会去做。

特别要强，其实是因为内心的自卑。我告诉自己我跟常人没有什么太大区别，但毕竟很多事情你是根本没有办法做到，内心深处还是很自卑的，特别是成年之后。”

家人对她是多加照拂和宠爱的，在她 19 岁那年就帮她规划出了简单而轻松的人生——在乡镇小医院做一名医生。

然而对于向往自在的武丽来说，这并不是她想要的，“在乡镇医院工作其实很闲的，每天没事她们就围在大门口打毛线衣，聊天、聊八卦。”

那时候，她在工作之余会找各种自己喜欢的事去做，比如卖保险，19 岁的她就开始尝试拜访和积累客户，那时候保险行业在国内还不盛行，很多人都不相信，但是她觉得这是一个很好的锻炼机会，是自己做销售的启蒙；她还会在下班之后去卖啤酒，在雅芳专卖店里做兼职的形象顾问……这些尝试，都在为现在做微商打下基础。

在医院工作了五年之后，她选择了辞职，热爱画画与设计的她开一家时装店。2004 年，她拿出自己仅有的 5000 块钱，又去东拼西凑了一些，开始做服装实体店了，她给自己的店取名“女人帮”。

“那几年收获了很多，首先是平和的心态，然后是不少的客户资源，再有就是比较丰厚的利润，付出多少得到多少。在那几年淘宝还并不是太火的时候，像我们这一类的特色女装店是非常吸引人的，并且利润空间也比较高，可以达到 40%，所以那个时候是积累了一定的财富。”

第一年，武丽做了 20 多万的营业额，到第二年翻了三番成了 60 多万，60 多万对一个小镇上的小店来说已经是相当可观的数字了，进而“女人帮”很快成为镇上家喻户晓的名店。

从实体到微商——完美转化

但这世界总是在变化，2013 年的时候开始出现了盗版，“大家都知道我生意好，很多小姑娘到我店里试版、看货，然后去进差不多的仿版，稍微质量差一点的，就在我店门口不远的地方摆摊。当时我们这里的城管是不会去管太多的。而我的店面很贵，是不可能拿价格去跟她们拼的。”

再加上那段时间网店兴起，武丽看到了实体服装店的前景并不乐观。

于是 2014 年的下半年，她步入了一个崭新的行业——微商。

2014 年的 3 月，武丽跟一个朋友去到北京谈项目，当天晚上去德云社听相声时，在门口发现他们的展厅里全部都是波碧水的产品，而那时武丽对波碧水产品的了解仅仅是自己用的那一款祛痘霜和 5 分钟面膜，到那之后才发现原来波碧水是有这么多产品的，当时还有一个招商广告在那儿，所以在听节目的过程当中，武丽就记下了招商广告的电话，准备咨询一下。

“咨询之后就开始盘算着怎么样去做代理，当时门槛很高，要做湖南怀化市的一个市代是 20 万一个月的任务量。那对于我来说是非常大的一个数目，并且最关键的是属于跨界，我自己根本就没有做过护肤品这一块，自己以前也不是很重视护肤的人，没有什么专业知识。

我就跟我几个做生意的朋友一起讨论可行性，他们说，你可以试试，你有这么多现成的客户，再说如果万一一个月卖不完，我们大家都分了自己用呗！

后来又去详细了解了一下，发现有一个预备试代，只要 12 万，只是进价会高一点。

于是出于保险起见我第一个月就先拿12万货，虽然第一个月我才卖了2万块钱，但对于零售来讲也非常不错了。

到第二个月我想我押了10万块钱货，还要不要继续？但是如果你这个月不做市代了，立马别人要做，得把你的人交给别人。当时是觉得这制度非常不人性化，我怎么可能把我的客户交给别人去做？我还有这么多货。

第二个月我就选择了坚持，也正是第二个月的时候出现了转机，我有一个客户来问怎么样才能做代理。因为当时，微商已经开始兴起，对于我们镇上来说，消息会相对闭塞一点。但像我这种长期泡在网上，以前还玩网游，因此认识很多网络上的朋友，所以我对他们来说是一个新事物的引领者。”

有了第一个代理之后。武丽就决定开始做一下宣传。除了朋友圈的宣传外，最传统的宣传单页，甚至以福利的形式发放。比如在店里消费多少，就可以免费试用波碧水的产品。最多一次是五支唇膏全部拆开试用，然后面膜也是，只要到店里来的，全部拆开了，不计成本；而只要到收银台来付款的，或者是在为客人推荐搭配衣服的时候，武丽就会去和客户讲波碧水。所以说开始最主要的来源，还是服装店原本建立的客户资源。

其实，属于中高端护肤品的波碧水对于武丽自己来讲觉得是很贵的，但是很快她发现客人们都消费得起。女人并不是想要便宜的东西，而是想要物有所值的。有时候客人会偶尔到店里来蹭一次面膜用，有的时候什么也不买，也会跑过来拿一些面膜，武丽都高高兴兴地奉送。客人觉得这个老板娘很大方，反倒开始愿意消费了。于是武丽开始鼓励客人十盒十盒的买，十盒就可以享受到一个什么样的价格，这种购买方式很受欢迎。

“慢慢地，我们那个小镇上代理就越来越多了，并且建立了一个非常固定的顾客群。然后就开始对外扩展，刚开始扩展的时候是面向网络上玩网游的一帮朋友，我跟他们说我现在在做一款产品，非常不错，就寄给她们试用，也有很不错的回馈。”

在从事微商四年多的时间里，武丽的销售网络飞速发展，如今的直属代理已将近100个，年销售额达到上百万，成为品牌战略合伙人。

直面微商质疑——遵从内心

关于微商与传销的纠葛，武丽的分辨简单而直接，“团队的新人提出最多的就是这个问题，非常简单。任何行业，包括实体店，也有卖假货的，这个跟行业本身没有太大关系，这是关乎个人道德的问题。”

在武丽看来微商仅仅只是在传统的商业模式上多了一个渠道，是一个新兴的商业模式，这是社会的一个发展趋势，不管喜欢还是不喜欢，它都会成长。从业者每个人都需要遵从自己内心，而不是听别人的风言风语，用脑子去判断自己做的事对不对。“2014 年刚入行的时候真的非常乱，很多乱七八糟的产品做品牌，贴牌就可以去销售了。而在今年，你会发现越来越多传统线下的大品牌，开始加入到微商行业里来。这样对于微商来说其实是个好时机，说明微商行业是一个朝阳产业，并且它正在往一个良性的方向发展。”

“微商，需要一对一的信任。我们所有的客户，刚开始都是从做我们的朋友，再到成为我们的消费者，一个成交是一个很长时间的积累，观察了很久才会产生这种信任。

之前你会发现微商很多，但是有的刷一下屏就不做了；有的今天刷这个，明天刷那个，什么都做不成；有的只是刷刷图，我现在刷个图出去，有人买我就卖，没有人买我也不损失，这种心态肯定也做不好，做不好就会被淘汰，很简单。

到今年为止，整个微商行业已经越来越专业化、正规化了。波碧水每个星期都会教授专业的学习课程，包括团队建设学习、团队管理学习，这一系列的学习都是一环扣一环的。如果你跟不上，就只能被淘汰。

对于一个新生事物来说，有人诋毁、有人不认可都是很正常的，有句话说得非常好：未来的穷人是这样产生的，跟他说倍增，他怀疑是传销；跟他说学习，他说是洗脑；跟他说要改变，他说我这样挺好的，跟他说要尝试，他说万一不成怎么办？如果你跟他说创业，他就说我没有本钱；跟他说要多与人沟通，他说我不好意思爱面子；跟他

说成长是快乐的，他就说我不感兴趣。所以，一个对自己一点要求都没有的人，他能拥有什么呢？所以这一切，除了一个我们外界的引导，还在于他们内心的追求。”

微商给我选择的权利：宁要高质单身不要低质婚姻

上天并没有因为在身体上亏欠了武丽，就在婚姻上弥补一些。在女儿三岁的时候，武丽离婚了，之后独自带孩子生活了十年。

在一个相对封闭的小镇上生活的单亲妈妈，她所要面对的一切可想而知。看着乐观自信的武丽，很难相信她曾有过这样艰难的日子。“以前孩子爸爸的条件很好，在银行上班，尽管那时候他家里反对，但他年轻气盛，觉得我有缺陷也没有关系。后来分开也是因为外界影响，别人跟他说，你这么好的条件怎么找了个瘸子。尽管我自认为各方面都很好，但是在别人眼里还是不一样的。”

武丽离异之后一个人带着女儿，在乡下，很多人就觉得她这种情况，找个人可以吃饭，有一个最低的生活保障就可以了，不要再去东挑西拣。但是倔强的武丽不肯将就，“我宁愿高质量的单身，也不需要这种低质量的婚姻。”

“我花了差不多一年的时间去调整心态，人生观、价值观发生了很大的变化：离婚前我觉得，自己可以画画，暑假能带着孩子去旅游一下，钱够用，过着非常简单平静相夫教子的生活就好。但是发生了这么大的一个变故了之后，我就发现，生活不是我想的那样简单，作为一个女人，特别是像我这样有缺陷的，更应该要有危机感，必须给自己做好打算。女人一定是要经济独立，才可以得到自己想要的生活。做微商给我带来了很大的变化和成长。之前会怯懦、不自信，但做了微商之后，特别是自己一个人带着孩子还做出了成绩的时候，内心得到了极大的自我肯定。”

说到家庭，武丽觉得做微商的这几年，很亏欠女儿，总想等到团队稳定后，就会有更多的时间去陪孩子。但是做微商最大的一个问题就是很多事情都需要亲力亲为。

“女儿今年上初二了，我开始做我们俩的计划。现在我的微商团队很大，工作非常忙，陪伴她的时间太少了，所以必须把时间计划出来。比如她每天晚上八点钟写作业，我就坐在她旁边看书，陪着她。每年雷打不动的是我们暑假的出游。每年暑假我都会带她去几个她想要玩的地方，像今年的三亚，去年的北京、厦门。我觉得短时而有效的陪伴，比长期无效的陪伴更能给孩子安全感，同时也不会让孩子养成依赖父母的习惯。”

我女儿在个性方面跟我有很大的差别。我从小因为自身缺陷，所以什么都要去尝试，什么都想去做。女儿恰恰与我相反，什么都不敢做，她很娇气，但是也很有想法，所以我现在更多的带她去做一些活动，比如爬山、攀岩，虽然我的腿不方便，但是我能做的，我都会带她去做，我希望她勇敢起来。

我现在也是妈妈的骄傲，妈妈过生日我会给她买金手镯，也会支持家里的一些开销。在农村，一个女儿如果离婚了，就会觉得很丢脸，但是我家就不会，别人会跟我妈妈说，你三女儿好厉害，生意做得很好。我去北京参加明星见面会、在三亚走红毯、参加马伊琍见面会的照片和视频我都会给妈妈看，她会觉得非常骄傲。

做微商之后会变得独立而坚强，这也许是每个成功微商女人的感受，不再只是围着家庭转，不再对过去的委屈纠缠不清。一份独立的事业，不仅可以更多地帮助家庭，更好地孝敬父母，给孩子更好的教育，最重要的是，自己赢得了尊严和对生活的信心。

对于热爱文字、喜欢艺术的武丽来说，更多的一份意义是与自己向往的生活更近一步，“我希望过文艺范的生活，趁现在有做事业的这份激情，努力去赚钱，然后在赚钱的过程中学习、充实自己，保持积极向上的心态。以后的日子，我希望可以再简单一点，再慢一点。‘采菊东篱下，悠然见南山’，是我向往的一种生活状态，我希望那一天早点到来。”

刘咏纳：做微商，让我的生活变得有趣

——严芳

在微商迅猛发展的今天，我们看到的是他们五花八门的营销，广阔拓展的人脉，迅速积累的财富，却极少注意到他们因从事微商而改善的精神生活。毋庸置疑，大多数人决定做微商的初衷都是为了挣钱，但做医生的刘咏纳放弃知名医院的公职，专心做一名微商，却是想要告别白开水一样无聊的日子，过一份充实而有趣的生活！不得不说，这对于一个妻子、一个妈妈来说需要莫大的勇气，也正是如此，她所遇到的阻挠和质疑比其他人更为猛烈。

生活在别处，我要换种活法

刘咏纳真的不缺钱。2013 年，刘咏纳正式调到遵义口腔医学院，做了一名收入不菲、受人尊敬的医生。在别人眼里，她简直是幸福美满的象征，老公帅而多金，儿子活泼可爱，作为女人，还有什么不满足的？

彼之蜜糖，己之砒霜。刘咏纳心里很明白，自己遇到坎了。当时老公在做工程，身边的“小蜜蜂”、“小蝴蝶”挺多，由于老公经常出差，两人聚少离多。她平时上班，闲下来只会打打麻将、吃吃喝喝。慢慢地，夫妻之间的矛盾越积越多。老公也不爱跟她说生意上的事儿，回家总喊累，两人没了共同语言，感情开始疏远，一言不合就能吵起架来。她开始有一种莫名的焦虑，经常胡思乱想，不知道日子和婚姻如何继续。

皮肤问题似乎更严重了。钱真是没少花，日常用的护肤品都是国际大牌，但皮肤却一个接一个，过敏、长痘不停地来骚扰，真是不胜其烦。作为一名医生，她心里非常清楚原因：喜欢吃辣，经常熬夜，最关键的是心情总是郁闷。皮肤有问题，太正常了。

一个偶然的机会，闺蜜介绍她认识了一位做波碧水微商的朋友，那位朋友推荐她用波碧水 5 分钟急救面膜，说是效果不错。刘咏纳自己用的不错还分享给朋友了，朋友们开始鼓励她说，这面膜挺好用的，干脆你做微商吧。

一直琢磨着换一种活法的刘咏纳，这回在朋友的鼓励下，终于开始试水，去做波碧水的微商。

面对难堪，是做微商的第一节课

真正做起来可没有想象中那么顺利。老公坚决反对她发朋友圈，觉得丢人，她只好将老公屏蔽掉，躲在厕所里偷偷地发广告。发了半个月的朋友圈，竟然没有一个人理会她，更没有人买她的货，之前那些鼓动她做微商的朋友，这会儿也没了踪影。

还有比没人理更难堪的事情。一次聚会上，她劝说一个朋友加入做波碧水微商的行列，结果被那位朋友的老公骂得狗血淋头，说她是做传销的，让她别带坏自己的老婆，而感到丢了面子的老公也责骂她。刘咏纳哭了。

刘咏纳属于慢热型，但一旦开始做，就很有韧性，绝不轻言放弃。“我骨子里是一个不肯服输的人，越不看好我，你们越觉得我做不好，我越要证明给你看。”

微信朋友圈里卖不出去货怎么办？半个月后，趁着假期，刘咏纳拿了1万多的货回到了溪水老家，召集朋友见面聚会。那时候人们还没有在微信上消费的习惯，对微商也有着各种各样的质疑，但看到了实实在在的货，而且经过试用后，她们心里就踏实了。这个拿一盒，那个拿两盒，1万多元的货很快就卖光了。

首战告捷，这给刘咏纳带来了极大的信心。有了第一波客户以后，接着就有了返购，比如，用了面膜觉得不错的顾客，可能又会找刘咏纳拿瓶洗面奶，或者别的产品。很快，她发展了自己的第一个代理——一个关系很铁的姐姐。

慢慢地，她的微商代理事业有了起色。她每天忙着进货、出货、找代理，日子过得很快，竟然都没有闲工夫跟老公吵架了。老公看她那么投入，也就不再反对她了。

波碧水当时有区域分级，刘咏纳拿的是遵义的一个分销，一个最小级别的代理，每个月有15000元的拿货任务，刚开始有朋友的踊跃支持，日子还好过，可做到第3个月时，就有了不少囤货，面临着不小的压力。刘咏纳开始思考，光靠朋友圈肯定是不行的，人数有限，得想别的招。

这时候老公帮了个大忙。他帮刘咏纳联系了遵义的一个高端酒店，将波碧水的产品放到酒店里进行推广和售卖，效果挺不错。紧接着，老公一鼓作气又帮忙联系了三四家药店。波碧水本来就是药妆，资质齐全，很顺利就进入药房铺货，每个月也不用管什么，电话通知补货就好。有了这些线下的销售渠道，好的时候每个月能卖四五万元的货，刘咏娜的生意终于走上了正轨。

正巧公司搞了一个萌宝代言的活动，被选上的宝宝们可以获得一万块钱的奖金。刘咏纳积极鼓动有萌宝的朋友参加，这次活动让她的朋友圈一下子就多了500多人，而且全都是遵义的妈妈们。人脉广了，她的货更好卖了，加上酒店、药店这些稳定的销售渠道，她终于升级做了区代理。

失败，让我明白专心和坚持

2015 年以后，微商进入高速发展期，众多微商品牌如雨后春笋般地冒出来，爆款特别流行，微商代理们大都想着借机挣快钱。由于波碧水提供的扶持政策不多，刘咏纳的代理事业进入了不温不火的阶段。在那段时间，她也接触了另一个微商品牌魔法帽，一种自发热的魔法帽。当时那个品牌被炒得特别厉害，给出的利润空间相当诱人，一时头脑发热，她拿了十多万的货。“当时流行微商爆款，那个时候可能被他们洗脑了吧，也可能是自我膨胀厉害，觉得自己挺适合做微商的。当时觉得波碧水的政策严格，压力大，利润空间小，觉得好累。”于是，她变得三心二意起来，一边继续做着波碧水，一边又一门心思地开始做魔法帽。

魔法帽带给刘咏纳一种全新的体验。他们充满活力和激情，营销方式和线上、线下的培训，让人应接不暇，每个人都好像打了鸡血一般，这让她觉得特别新鲜。很短时间内，她卖了 200 多箱，一箱 48 盒，业绩一度达到了五六十万。

可惜好景不长。魔法帽又开始换品牌、包装，内部管理开始混乱，培训课无限增多，这让刘咏纳嗅到了危险的气味。这时，她觉得还是波碧水好，虽然赚不了快钱，但至少让人安心、踏实。她又开始把心思慢慢地转回到波碧水。后来，那个魔法帽公司创始人果真跑路了，好多人的保证金也拿不回来，她也压了好几万块钱的货至今还在手里。

这件事情让刘咏纳吸取了很多教训。“做微商要抵得住诱惑，耐得住寂寞，经得起考验。做事要专心，三心二意、朝三暮四是什么事都做不好的。”

做魔法帽带给她最大的好处是，她引流了不少的客户加入到波碧水中，而且发展了两个很好的代理跟着做波碧水。爱学习的她也从中学到一些微商营销的方法。

一心回归波碧水的刘咏纳决定好好做波碧水，“我这边的代理人都非常好，从第一次跟着我以后，就不离不弃，我一定会为她们负责任。志同道合是一种幸福，意气相投是一种快乐。”

不逼一下，都不知道自己有多优秀

2017年，公司进行改革，制定了新政策、新模式。这成为刘咏纳能力爆发的一个新起点，3月份，她投资50万，成为第一批战略合伙人。

这次老公有了异议：投这么多，万一像魔法帽一样，老板跑路咋办？但刘咏纳自己心里有底，她清楚波碧水公司的实力，根本没有这样的担忧。一向敢做敢当的她没有向老公妥协，而是直接去银行办了20多万的贷款。等老公知道情况后，她已经交完钱了。当时在老公眼里她简直疯了。

事实证明，刘咏纳是清醒的，第一个月出了十多万的货，到三八节后，她所有的货就已全部卖完了。这让老公吃惊不已，对刘咏纳的微商事业刮目相看，从此不再质疑。

刘咏纳的目标可不是50万。她鼓足勇气、下定决心给自己定了一个更高的目标：一年卖出100万，她觉得如果自己更努力更投入，是可以实现的，她期待更大的成功。

可是，她的目标却遭到了带她做波碧水的大姐——坤姐的反对。坤姐说：“100万太小

case 了，300 万才适合你。”刘咏纳一听心下发虚，战战兢兢的，但她还是听了坤姐的话把目标定为 300 万。事实证明坤姐是对的，这不刚到 7 月份，她的销售额早已过百万了，300 万看起来不再是遥不可及。刘咏纳很欣慰：“有时候人的潜能真的是无限的，就看你敢不敢想了。所以说，人一定要有梦想，万一实现了呢。”

6 月份公司在北京办了一期波碧水总裁班。刘咏纳带 10 个姐妹过去学习，回来后，刘咏纳和这 10 个人的小宇宙一下子就爆发了。“看到很多比自己优秀的人还那么努力，你觉得自己没有资格懈怠。特别是从坤姐她们这批先行者身上学到了太多的东西，她们的优秀和努力都在感染着我们，所以大家都特别地有干劲。”

7 月份在三亚举办的波碧水节上，她享受着穿礼服、走红毯的待遇，这是对她努力的回报。刘咏纳手下好几个代理都升级了，她的业绩也一再突破。“说实话，如果我不接触波碧水，不做波碧水的微商，可能我这辈子都没机会穿礼服、走红毯，要知道，这是很多女人一辈子的梦想！除此之外，我还可以接受采访出书。是波碧水改变了我的人生，我真的觉得愿意为它付出自己的一切。”

她告诉自己，要做得更好，要更专业、更专心，她决定辞职，一心一意只做波碧水。“这次参加波碧水节，我感触很多，跟随我的人越来越多，自己肩上的责任也越来越重。我应该一心一意地带着她们往前奔，不辜负她们的期望，争取带领大家走到一个新的高度，兼职波碧水的话，时间和精力肯定不够用了，在稳定的工作和波碧水之间，我选择后者。”

她和老公推心置腹地沟通，她预感老公一定会强烈反对，琢磨着如何说服他。但老公看到了她的努力，看到了她的业绩，认为她做波碧水应该很有前途，所以他没有反对，只让刘咏纳自己考虑清楚。

而真正激烈反对的是刘咏纳的父母，他们认为自己的女儿彻底疯了。在老人的眼里，刘咏纳的工作是完美的，清闲、优越，每个月拿着七八千的工资还享受着足够的自由，这样的好工作到哪里去找？刘咏纳是一个意志坚定的人，她一边做父母的思想工作，一边努力实干，她相信父母会认同她的。

华丽转身之后，她活出人生新高度

刘咏纳更自信了。以前作为有闲主妇，她喜欢抱怨，喜欢找老公的茬，如今她根本没有时间。以前爱打麻将，但现在已经很长时间没摸过麻将了。身边的亲人朋友看到她的改变和成长，也为她感到高兴。有时候，看到朋友在微信发一些抱怨老公的话，她会去开导人家：

自己在做波碧水之前，也会抱怨老公，总忍不住和老公吵架。与其这样还不如做点儿自己喜欢的事情，让自己充实起来，这样就没有无聊的时间去想东想西了，还有利于家庭和谐。

如今，她和老公在家里的位置对换了，“我每天都过得特别精彩、特别自信，一会儿飞日本、新加坡、泰国，一会儿穿礼服、走红毯，老公十分羡慕，现在反过来开始担心我了。”通过这几年的改变，刘咏纳更加深切地认识到，夫妻两人的关系不应该是依附，而是平等。如果一方不能携手并进、并肩前行的话，就很容易被对方淘汰。

刘咏纳很忙，很辛苦。“儿子上次写日记，写‘我的妈妈’，他说我的妈妈是微商，她很辛苦，每天除了睡觉以外，她都是拿着手机，就连上厕所都拿着，我很想跟妈妈出去玩，但看着妈妈很忙的样子，又觉得特别不忍心。”说起儿子的懂事，刘咏纳觉得很亏欠——能陪伴他的时间实在是少。可是身教重于言传，榜样妈妈的力量是无穷的，妈妈身上那种拼搏向上的精神深深地影响着儿子。刘咏纳忙着做代理事业，却并没有影响儿子的学习，儿子学习成绩名列前茅，这次奥数比赛得了遵义地区的第一名！而且儿子的钢琴也弹得很好，还拿过奖，这些都让刘咏纳感到特别欣慰。

“连儿子都觉得我特别自信，比以前更美了。做微商给我最大的收获就是生活变得太有意思了！让我对每天的生活都充满期待，特别庆幸自己果断告别了以前那种一眼看到十年后的日子，让自己重拾了自信和美丽，家庭也因为我而变得更好，这些都太重要了！而赚钱，倒成了没那么重要的事情。”

曲梦怡：>>>
微商是宝妈的最佳职业

——严芳

不知不觉，身边似乎多了很多全职妈妈，她们有的是在家庭收入稳定后辞职回家，过起相夫教子的生活，而有的则一结婚就开始了主妇生活。当然，打造一个温馨的家比在职场谋求一席之地要容易得多。

曲梦怡本是一个全职妈妈，在很多人的眼里，她简直就是女人理想生活的模板：老公模范，女儿乖巧，家庭幸福，自己也生活得舒适自在——夫复何求？“人不能过得太舒服，还是要努力让自己更优秀，才能活的更有价值。”采访中，曲梦怡一边忙着讲述自己的故事，一边细心地照顾自己 2 岁的女儿。一心二用从来都不是件容易的事，很难相信生活优渥的她能一面照顾好孩子和家庭，一面又能把微商事业做得如此之好——成为千万级别的品牌合伙人。

在家赚钱，还有比这更适合我的吗

在小伙伴的眼里，曲梦怡是一个很幸运的人，从一开始接触波碧水到上升为战略合伙人，中间的过程算得上是顺风顺水。

第一次接触到波碧水，是在 2014 年初，那时她刚怀孕不久。一向爱美的她正在为用什么口红而发愁，“我很臭美，怀孕之前喜欢用各种化妆品，可怀孕让我变得小心翼翼，生怕品质不好的化妆品会对胎儿不利，做妈妈的人可能都像我这样爱子心切吧。”

因为怀孕造成体内激素变化，曲梦怡当时满脸都长了痘痘，一个接着一个，简直有些惨不忍睹了。正巧有朋友正在做波碧水的代理，她对曲梦怡说，不要再用以前的那些口红了，那些口红可能会含有铅汞之类不安全的成分。试试波碧水的唇膏吧，绝对安全。

出于对朋友的信任，曲梦怡拿了一支唇膏和一盒面膜。用了 5 分钟急救面膜之后，她觉得挺补水的，效果还不错，于是，曲梦怡开始坚持使用波碧水的产品。

既然觉得好，为什么不做波碧水的代理呢？朋友的建议令曲梦怡眼前一亮。决定做波碧水的代理，曲梦怡心里是有底的。做销售工作，她算得上是资深人士了。从迈入社会的第一天起，曲梦怡就一直从事销售工作。“我做服装销售好多年了，我开过店，还在商场品牌专柜当过店长，像玛丝菲尔、欧时力这些大的品牌都做过，不仅学到了很多的销售经验，而且积累了一些很好的客户资源。”说起结婚后辞职的原因，她说她觉得是在给别人打工，缺乏工作动力，时间上也不够自由。辞职后，她经营过一段时间的服装店，怀孕后因为胎儿有些先兆流产迹象，医生告诫她不要跑来跑去的，最好在家静养保胎，她才回到家里不再工作。

当时的曲梦怡每天在家做家庭主妇，悠闲自在，这虽是很多女人梦想的生活，然而，对于一直习惯奔波的她来说，闲下来反而受不了，“以前的自己虽然忙碌，但是自己赚钱自己花，而且身边有很多合得来的朋友，觉得日子特别充实，辞职在家的日子让我觉得很空虚，没有安全感。”曲梦怡需要一个新的目标，而做微商也许就是一个合适的机会——既可以在家养胎，又可以赚钱。

虽然心动了，但曲梦怡还是要听听家人的意见。大姑姐第一个跳起来支持她，要给她投资。老公看她在家闲得发慌，也鼓励她，“你愿意做只管做，要是货卖不出去，就自己用好了，反正你每年花在化妆品、护肤品上的钱也不少。”家人的支持让她动力十足。2014 年 8 月，曲梦怡正式开始了波碧水的代理生涯，她决心凭着自己的努力和之前积累的客户资源，闯出一条属于自己的路。

做事先做人，难缠的客户也能变好友

“女人最大的错误，就是为最爱的男人放弃了自己的事业。没有了事业就不再有魅力，男人永远欣赏有自我追求的女人。这也是我做微商最原始的冲动之一，我需要变得更优秀，我需要实现自我价值！”曲梦怡的事业心如同春笋破土，按捺不住。

既然做，就做好。曲梦怡偶遇波碧水，她觉得很有缘分，决定好好干一番。之前有亲身体验，知道这个品牌的品质非常好，于是她开始在微信上分享自己使用心得，哪个好用，用了有哪些效果。曲梦怡觉得微商其实是一种分享经济，把自己觉得好用的东西分享出去，让需要的人知道这里有适合他们的产品，这是利己利人的事情。

“如果你自己不去用这个产品的话，你根本就不知道它有什么效果，它针对什么样的肌肤，适合什么样的顾客。”波碧水也没有辜负她的信任，几年下来，曲梦怡皮肤检测显示比实际年龄要年轻三四岁，女人最想要的，不就是要年轻美丽么?

真心的分享，很容易被大家接受。有不少的朋友之前也在使用波碧水的产品，知道她做代理之后，很自然地就成了她的客户；加上做服装销售多年积累了很多的客户，甚至连老公身边的发小闺蜜也找她购买波碧水的产品。

“做生意就是做人。”做微商数年后，曲梦怡对于微商有了自己独特理解，“很多陌生人变成熟人，很多不联系的老朋友联系也多了起来。熟人帮你打开市场，给你带回头客，所以你就必须靠产品的质量说话，靠诚信说话。”

问起为何人缘这么好，曲梦怡说日久见人心，自己对客户有真心、有耐心，有些销售卖完东西之后就会态度转变，对换货、退换特别没有耐心，那样就成了一锤子买卖，而她从来不会这样做。

曲梦怡分享了一个故事。她有个客户是质监局的，仅咨询波碧水产品就连着问了三天，对产品质量如此重视，也是因为她之前做美容时出问题变成了激素脸，过敏很严重。曲梦怡针对她的情况向她推荐了修复系列的产品，这个顾客一会儿要拍条形码，一会儿又要成分表和药监局的备案，她一一照办。可客人还是不放心，让曲梦怡把产品先给她试用几天，试用效果好再说。

曲梦怡二话没说，开车把产品给客户送去了，结果客户一个星期都没有给她反馈。一般的销售会不耐烦，曲梦怡则相信好产品自己会说话，相信客户有自己的判断。果然，这个客户来电话说，让曲梦怡再给她送一些产品过去。原来客户之所以这么久都没有反馈，是因为她把产品送去检测了，发现没有违规成分才敢使用的。

这个难缠的客户如今不仅成了她的铁杆客户，而且还成了她的朋友，经常给她推荐新的朋友。像曲梦怡美容店里用的蒸馏水就是从这个客户所在的质监局订购的，每次她都亲自给送过来，对曲梦怡特别好。正是靠着这份真诚，她赢得客户的信赖和支持。

自助者天助之。从开始拿钱买货、招募代理、开店推广、借钱做战略合伙人……这一路走来，帮助过自己的人，曲梦怡数都数不过来了。一方面是缘于自己的人品不错，另一方面也是自己的努力别人都看得见，愿意跟随着她往前走。曲婉想跟那些想要自己做点儿事情却又很犹豫的宝妈们说：“其实，前进的路上没有那么可怕，重要的是先迈出来，你就离成功不远了。”

梦想开花，几个月突破百万

三年时间，从普通代理到市代理再到今年的战略合伙人，曲梦怡轻松实现了三连跳。这条路她走得确实比平常人顺，说起秘诀，她认为那就是专心、专注，以及全情投入。

对待自己的代理，曲梦怡从来都是遵守规则，不搞低价竞争。有时候遇到别的代理用低价抢单，她也从来不生气，“我的产品值这个价，我的服务也是最好的，你如果非要把它贬到很低的价钱，用低价去诱惑别人，你注定是走不远的。”而且她觉得如果自己打低价也对不起下面的代理，从自己这里就开始低价，那下面的人怎么做？原则和底线要从自己守起。

曲梦怡的波碧水代理事业一开始就做得顺风顺水，第一个月零售就到了 6 万，第二个月营业额就到了 17 万，并且有了自己的小团队。这些成就出乎了她的意料，她更觉得自己应该要好好做，不要辜负别人对自己的信任。

曲梦怡不仅有商业头脑，也有较强的实力。为了增加客户对品牌的信任度和增强品牌自身的知名度，她自己掏钱在呼市开了波碧水第一间体验店。“那时候我们家在万达广场正好有一个门面房，我把它装修得很高端，客户或者代理的客户到了我们的体验店，就可以免费体验，产品用的全是波碧水的，服务也是一流的。”

体验店吸引力非常强，加上波碧水又对产品投保了一百万，顾客用起来更安心了，高品质的产品、良好的服务、专业的体验，口口相传，曲梦怡的顾客群在不断地扩大，每天来店里体验的顾客经常需要排队等候。而这些体验过的顾客又会带着自己的朋友来体验。短短的几个月，她的销售额就突破了百万。

虽然曲梦怡在事业上做得比较成功，但她觉得自己还有很多不足的地方。在管理团队方面，她觉得自己沟通能力有待提高。团队日益壮大，现在有一百六七十人了，每个人的性格、特点都不一样，大家很难一条心，管理起来难度不小。曲梦怡会积极发掘她们的优点，发掘她们的需求点，有人喜欢展示自己的魅力，她就把登台表现的机会让给她，让她当形象大使；有些在做代理时遇到了困难，她就提供实实在在的帮助；即便是沟通不了的，曲梦怡也不会去逼她们，而是会换一种沟通方式。

微商团队不好管理的问题一直在困扰着曲梦怡，不过，她相信，随着微商越来越专业化以后，那些没有团队精神、不够努力的人迟早会被淘汰掉。“微商平台不看你是否长得漂亮，也不在乎你学历的高低，那些有业绩、有成就的人，都是付出了更多的时间和精力。”曲梦怡认为，有些代理抱怨自己业绩不好时，是时候从自己身上找找原因了。

如今跟随着曲梦怡做波碧水小伙伴们，一个个不仅变得越来越独立、自信，而且还变得越来越美。用曲梦怡的话来说：“没有女人真的想每天蓬头垢面的在家里带孩子，她们都想保持年轻、漂亮、自信的状态，而波碧水可以帮助她们实现她们的梦想。”

今年，曲梦怡如愿成为波碧水战略合伙人，前进的动力更足了。她有一个梦想：在呼市开一家500平方米以上的体验店，拥有更加专业的美容师团队，大力进行培训，教会他们销售技巧、产品搭配、皮肤检测等专项技能，让更多的顾客也能体验到波碧水产品的高品质，到时候波碧水就会成为呼市的LV。说这段话时，曲梦怡的脸上洋溢着的笑容，仿佛看见了梦想开花的模样。

做微商妈妈，孩子需要的是有效陪伴

“如果能找准家庭和事业的平衡点，女人是可以同时驾驭家庭和事业的。”因此，平衡事业和家庭在曲梦怡眼里并非是一个伪命题，她认为，最重要的是学会用心。

说起来容易，做起来难，一天的时间就那么多，厚此就必然薄彼。刚开始做微商代理时，曲梦怡需要熟悉业务和客户沟通，不得不花费大量的时间在工作上，但她仍然坚持每天留出两三个小时来陪伴女儿，领着她出去转一转，做做游戏，或者睡前给她讲故事，让孩子感觉到妈妈就在身边。这并不是轻轻松松就可以做到的，有时候曲梦怡每天的睡眠时间还不到4个小时。

店铺刚开业的那段时间，曲梦怡非常忙，中午没有时间回去吃饭，孩子只能由两个老人照顾，但她坚持中午抽空给孩子打个电话，陪孩子聊几句。后来，为了方便照顾孩子，她索性在店面的楼上租了一个房子，这样每天陪伴女儿的时间就有了保障。

“我觉得女性平衡家庭和事业的关键，不是时间花费的多少，而是用心的程度。有的妈妈整天跟孩子在一起，孩子也不觉得你有多重要，因为你不曾用心陪伴；反之如果你时间不太多，但只要跟孩子在一起，就特别用心，孩子就能真切感受到你给予的爱和温暖，这就足够了。有时候，一个特别用心的动作，可以让孩子温暖很长时间。”当然，对待家庭中的其他成员曲梦怡也同样用心，比如她和老公约定，白天大家各忙各的，但晚上尽量一起吃饭，睡前一起聊一聊当天各自经历的事情，一定不能少了彼此心灵的沟通。

家庭是女人的根基，而事业则是在此根基上萌发并盛开的艳丽花朵。如今，跟着曲梦怡一起打拼的小伙伴们大多是全职宝妈。她们想得最多的当然是如何照顾好家庭和孩子，从交流中曲梦怡得知，她们很多人的内心都缺乏安全感。

“世界上最危险的职业就是全职主妇，电视剧《我的前半生》让很多宝妈很有感触。如果你不能朝九晚五，那微商便是一个很好的工作机会。宝妈们可以利用空闲时间卖一些产品，把好东西分享给别人，不仅能实现自我价值，还能自己赚钱买花戴，这也是保持不和社会脱节的一个好方法。”曲梦怡平时还定期组织聚会，请大家带着孩子一起出来玩，这就形成了一个很好的圈子。“这种圈子我在别的行业没见过，找不到的。大家都能积极上进，非常正能量，让宝妈们在家庭中得到了以往得不到的认可，因为做微商而变得独立的宝妈们更加自信、有魅力。”

做了妈妈的曲梦怡正是众多微商妈妈的典型代表，她们没有任由日常琐碎拖垮自己，能及时从无聊的家庭生活中抽离出来，不消沉，不等待，不依靠，积极抓住机会，利用身边的资源迎难而上，一点一滴地积累，最终拥有自己事业的同时，也兼顾孩子和家，让自己的梦想绽放。犹如深谷幽兰，积蓄日月之光，吸收大地养分，静悄悄地奉献给世界最沁人心脾的幽香。

史艳峰：夫妻同心，让天下没有难做的微商

>>>

——严芳

娇小玲珑，皮肤水灵，说起话来脸上时常浮现出少女般的娇羞，眼前的史艳峰并不像印象中的微商领导那样霸气外露，而是从里到外透着一股幸福小女人的味道，像水中莲花，温婉自芬。这次来北京接受采访的并不只她一个人，还有在做微商路上和她一起携手共进的爱人。

她感恩波碧水，让她从一个经济上捉襟见肘、缺少存在感的家庭主妇，变成了一个生活优渥、自信从容、有成就的女人。“做微商，其实和做人一样，有情有义，关系才能长久，对客户如此，对代理也是如此。”质朴的话语，却道出深刻的道理，正因为对客户、对代理负责，客户信她，代理帮她，她的微商之路才越走越宽。

白领、宝妈到微商，也算一波三折

史艳峰的经历与别人不同，这个时代的年轻人都是从小城市跑向大城市，她却反其道行之。史艳峰和老公是大学同学，毕业后两人一起去上海打拼，追求上进、做事认真的她曾经有一份月薪 2 万的白领工作，在当时房价刚 1 万多的上海，这个月薪足以让她过得比较逍遥。怀孕后，经慎重考虑，两人决定回到老家郑州发展。“当时只想离家近一些，如果我们一直待在上海的话，父母老了，身体不好了会觉得没有依靠，而他们也不太适应上海的环境。”当时正好有个机会，史艳峰的老公可以到郑州亲戚的公司里去上班，于是他们就回来了。

从上海回到郑州之后，生活落差巨大，这是之前史艳峰没想到的。郑州除了房价比上海便宜一些外，其他消费其实并不低，可大多数的郑州人每月只拿着两三千的薪水。当时她已辞职在家，加上有孩子后各方面开支都比较大，仅靠老公一个人的工资生活，她一下子觉得压力来了，买什么都要考虑再三，这种拮据的生活让她焦虑、苦闷。

这时候，史艳峰在朋友圈里看到越来越多的人在做微商，其中有一个 90 后的朋友在做波碧水，史艳峰的第一感觉是挺喜欢这个名字，其次觉得这个小女孩做得相对专业，尤其在得知她因做微商居然买房买车的时候，史艳峰觉得这么小的女孩子都可以，自己也一定能行。“在上海的工作经历告诉我，只要肯努力，一定可以赚到钱。当时微商符合我对工作的所有幻想，比如时间自由，可以边照顾孩子边赚钱，而且又不需要投入太多。”于是，一心想赚钱的史艳峰义无反顾地做了波碧水的代理，成为最早一批做微商的女人。

从零开始，上天眷顾爱动脑的人

说起如今做微商的人，史艳峰觉得她们太幸福了。因为公司现在会定期策划各种营销活动，进行团队管理知识培训，甚至会教你如何发图、发段子。而三四年前她刚开始做微商时，没有任何经验可取，也根本没有任何人教你如何去做，一切只能自己摸着石头过河。

史艳峰做事爱动脑。她看到有些人做微商只知道发图加复制，很少有什么改变和突破，她觉得这样做效果肯定不会好。她每做一步都会学习和思考，前两三个月时她几乎每天都会熬夜到两三点，查阅很多护肤及产品资料，比如，护肤品里含有哪些成分，这些成分有什么功效，不同的肌肤类型适合什么样的护肤品……这样做的目的是想给客户真正的帮助。“做生意其实是一个互惠互利的过程，如果只是你自己受益了，客户感觉不到任何的好处，或者感受不到任何服务，生意是做不下去的。”史艳峰觉得相比起实体店来，微商看不见摸不着，如果服务再不专业和个性化一些的话，肯定无法吸引住顾客。通过几个月的苦学勤练，史艳峰成了一位合格的美容顾问，可以独自面对顾客的咨询，给出皮肤诊断，并提出切实可行的护肤方案。

储备了足够的美容知识之后，史艳峰开始规划微商事业，她觉得光靠自己努力是不够的，必须要有团队。史艳峰零售做到一个月的时候，她就开始积极发展代理，由于人缘好，很快就有人跟着她做。

作为微商发朋友圈是有技巧的，史艳峰总结了自己的诀窍：“首先，你必须体现你的专业性，所以我只发护肤品以及护肤知识，让别人了解你的工作能力和态度；其次，要分享你真实的生活，包括老公、孩子、每天的心情，你发的东西越真实，别人就越愿意相信你；最后，就是你的服务要特别及时、到位。”

很多人都有从众心理，只要有第一个陌生人从你这里买东西，你发出来了，那么剩下的陌生人就愿意尝试。慢慢地史艳峰的朋友圈人数达到了 4000 多人，手下也有几十位代理。

“如果你没有专业的护肤知识以及对产品的深入了解，你抓不到客户痛点，给不到客户想要的服务和产品，你说得再天花乱坠也没有用。”史艳峰给手下代理做了大量的培训，内容包括科学的护肤知识、产品效果说明、产品搭配技巧，以及如何做地面推广、快速扩展团队等等。

努力总会有回报的。史艳峰通过做波碧水得到了自己想要的，之前工作的时候，即便在大上海，她每个月最多挣2万，但现在做波碧水，她第一年的收入就有六七十万，到2017年收入轻松突破百万，而且她相信这个数字会一直呈上升趋势，因为波碧水本身已经有十几年的品牌历史和品牌沉淀了，它跟其他的一夜之间冒出来的微商产品不一样。史艳峰说自己特别幸运，遇上了微商最好时代和最可靠的产品。

微商客户给的不仅是钱，更是沉甸甸的信任

“虽然很多人做微商赚到了钱，但这几年做微商也经历了一些波动，比如，2013年，微商呈现了一个爆发式的增长，真的是谁做谁赚钱；到2014年的时候，形势急转直下，微商出现了一个断崖式的下跌，做微商的人开始抱团取暖了，你没有团队肯定是不行的。到2015年的时候，很多人坚持不下去了，纷纷退出了微商。”

2015年，中央台“3·15晚会”曝光了一款微商假面膜，不仅面膜质量有问题，而且老板卷款跑路了，这一事件造成整个微商信任体系的坍塌。

史艳峰好几个月一单不出，日子很煎熬，但她将此看成是黎明前的黑暗，用心去维护客户和代理，她觉得自己如果在这个时候消失的话，那就彻底没有机会了，“做微商‘坚持’特别重要，如果中间更换几次品牌，那你的信任度就会下降，你再做的时候别人一定不会再轻易相信你。”史艳峰一直告诫自己和代理，千万不能因为一时的利益就更换别的品牌，或者说今天不做了，明天再加入。客户也需要安全感，当她一睁开眼想跟你买东西的时候，你一直在，她就会安心，否则会有很多不好的联想。

在微商事业遭遇瓶颈期时，史艳峰绝不容许手下的代理在朋友圈里发甩货、降价的信息。“即便是货烂在家里，自己受到损失，我也绝对不能这么做，这么做伤害的是客户的感情。”一路走来，看到很多微商的起起伏伏，但史艳峰好像什么事情都没

有发生，一直特别稳，客户稳、代理稳，跟着她的人都觉得特别踏实。“我可能没法让跟着我的代理们一夜暴富，但是她们跟着我，起码睡个安稳觉是没有问题的，她们不会早上一睁眼睛，发现我跑了，或者是一睁眼睛发生了让她们不可预测的事情。”从开始做到现在，史艳峰一直告诉自己，所有别人给她的钱，都是一份份沉甸甸的信任，绝对不能辜负。

每次代理从她这儿拿货，她总是劝别人少拿一些，卖多少拿多少。而这样做的结果就是自己的货压的比较多，压力全在自己这边。但她说不怕，只有为别人多着想，别人才会跟你一条心。结果，那些拿货的代理没什么压力地就把货卖完了，拿货更积极了。

不斤斤计较，才会得到更多。史艳峰说自己记性不好，也不善于算账，别人今天差她几块邮费，明天差她一点货物，她从来都不放在心上。好多代理都特别喜欢她，她觉得肩上的责任重了，但内心又觉得特别幸福。“当你真的去了解这些代理的背景或家庭之后，你才会理解她们的不容易，才可能设身处地地为她们着想。”做微商让她认识了各种各样的朋友，大家共同努力，一起成长，这是她之前不敢想象的。

成功微商背后总有一个贤惠老公

史艳峰和老公从开始认识到现在，两人感情都非常好。她坦言这么多年和老公在一起，自己除了工作，其他事情都不用操心，就连交话费这样的小事都由老公搞定。在她做微商的这几年里，老公更是不遗余力地支持她。“我自己性格天生比较消极，做什么事情首先会想到不好的一面，而老公性格特别开朗，心态也特别积极向上，我挺受他感染的，我们性格挺互补的。每次遇到困难，都是他在出谋划策，鼓励我、帮助我。”虽然史艳峰笑称自己不是贤妻，但家有贤夫却是名副其实的。

做波碧水之前，史艳峰生完孩子就待在家里做全职妈妈，没什么事情可做，老公怕她胡思乱想。就鼓励她说，不管你挣不钱，只要有事情做，挣多少钱无所谓，有一个寄托就好。刚开始卖一盒面膜，加上邮费还要贴钱，但老公还是支持她做，后来做了好长一段时间，她才开始挣钱。

做微商挺辛苦的，史艳峰常常要忙到半夜。那时候孩子小，半夜还要吃好几次母乳，弄得她睡不好觉。老公边把婆婆和公公接过来，帮着看孩子、做饭，自己还把所有的家务都包了。看着媳妇做着自己喜欢的事情，他总是无条件地支持，并且坚信，媳妇做事认真，有韧劲，一定能成事儿。

当史艳峰遭遇朋友圈人数增长缓慢的烦恼时，也是老公帮她出主意、想办法，让她通过搜QQ圈加微信，分析潜在的顾客群，比如，北京、上海等大城市的人防范意识就比较强，不怎么爱搭理人，而东北、内蒙古等地方的人就比较淳朴，可以多寻找这样的目标，深入沟通。采用了老公的方法，果然，她很快就扩大了朋友圈，招到了很多素未谋面的代理。老公还把身边的亲朋好友都发动起来来支持自己老婆的微商事业，根本不顾别人异样的目光。

除了积极为她出谋划策，老公还各种不惜力地帮她搬货、打包、发货，公司的各种文件、PPT，也都是老公在替她整理着。“包括今天来这个地方接受采访，都是他带着我来的，我根本不知道地址、路线，反正只要有他在的地方，我就什么也不用操心。”说出这些话的时候，史艳峰有些羞涩地笑了。

做微商“金牌”，我们会越来越专业

当有些人在诋毁微商时，史艳峰却特别感谢微商，这个行业把她这个家庭主妇从拮据的生活中给拯救出来了，让她可以给儿子和父母更好的生活。史艳峰从开始工作起就坚持每个月给父母2000块零花钱，直到她生小孩赋闲在家，再加上老公当时挣得也不多，她才没有把这件事情坚持下去，这让她很愧疚。现在，史艳峰不仅给父母买了房子，还可以不定时地给父母一笔钱改善生活质量，经常一出手就是一两万。

之前的史艳峰性格比较封闭，对陌生人很排斥。自从做微商之后，她的整个身心是打开的，愿意相信人性的美好。即便遇到一些不好的事情，她也总是愿意看到对方身上积极的一面，试着去包容、接纳。婆媳关系是天下第一难处的关系，之前虽然她心里感恩公公婆婆的付出，但很少表达，但现在她不仅愿意表达，更经常用甜言蜜语、礼物来哄他们开心，一家人其乐融融。

生了孩子后，史艳峰的体重一度达到 140 斤，在家带孩子的她常常不修边幅，更没有心情给自己拍照。做了波碧水之后，她开始注重保养，每天敷面膜，穿衣服也讲究起来，状态一点点在改变，内心也有了自信。这种改变身边的朋友是能够感受到的，“为什么很多人跟着我做波碧水，是因为她们看到了你的这种改变，一个正能量的人会吸引很多人来靠近你，就像磁铁一样。”史艳峰前些天翻到之前的照片，她感觉自己比以前更美了，干练、精致，精神状态和刚生完孩子时完全不一样了。

在上海漂着的时候，史艳峰见过太多的留守儿童，心里特别难过，下定决心绝不让自己的孩子孤独长大。也因此她觉得做微商太幸福了，“虽然现在我每天特别忙，但是儿子叫我妈妈的时候，我都可以立刻回应他，我就在他面前，随时都可以给他一个甜甜的吻。儿子绝对是我一个非常大的动力，为了儿子我需要更加努力。”

史艳峰是自由的，更是幸福的。虽然今天的她仍很辛苦，但是内心无惧，对未来充满信心，那种幸福感和满足感是其他任何行业给不了的。

在史艳峰看来，未来五年仍会是微商的一个发展时期。“之前很多微商牌子都已经消失不见了，现在存活下来的品牌基本都是大浪淘沙淘出来、品质过硬的‘金牌’。同时，微商的营销模式也越来越正规化了，像我们公司，不仅仅是在卖产品方面，在培训、教育这块也做得非常系统，我们正在把自己变得更专业。微商一定是一个非常有希望、有朝气的行业，相信我今年会比以往做得更好。”

佟菲：成功有时候喜欢和你捉迷藏

>>>

——严芳

来自内蒙古大草原的佟菲，坦言自己曾经是一个活得很随意的人，相比那些精致到发尖的女人，佟菲说自己有些“糙”。但是当她伫立在眼前时，你会发现她本人同她之前的介绍完全不一样——妆容讲究，衣服搭配得体，自有一股职场丽人的味道。“我从没有想到自己有一天会从事和美丽有关的工作，人生真是充满了传奇和意外。”

微商这个职业彻底改变了佟菲。从一个赋闲在家生活无聊的全职妈妈，到拥有自己事业的女强人，成为收入比老公还多的微商领导，同时也被家人朋友的爱所围绕，这种变化让佟菲感到特别满足。

过敏脸让自己找到喜欢的事业

“我以前的美容就是每天用婴儿霜胡乱抹一下脸。”在做微商之前，佟菲根本没有什么保养的意识，“化妆、衣服搭配，这些女人必须会的，我都不会，甚至觉得根本没什么必要”。她就像大草原一样淳朴天真，离这个熙熙攘攘、争名夺利的世界隔得那么遥远。

接触波碧水纯属偶然。当时，佟菲辞了职做全职妈妈差不多两年了，皮肤不知怎的就长痘了，由于完全不懂护肤知识，她胡乱找些护肤品试图改善肌肤，痘痘不但没好脸上反而长了发紫的大脓包。这让她很苦恼，只好每天用遮瑕膏来遮盖痘印，全然不知很多遮瑕膏里面含铅、汞，虽然抹在脸上丝毫感觉不到，但皮肤的角质层会变得越来越薄，她的脸上开始过敏起红疹。看着这张糟糕的脸，佟菲不知如何是好。

有一次，佟菲去发小小曲那里玩。小曲正开始做波碧水代理，家里堆满了各种货品，正忙得不亦乐乎。从发小那里，她第一次听说了微商，觉得还挺新奇。发小仔细看了看她的脸，建议她试试波碧水的产品。佟菲已经试过那么多护肤品，皮肤都没好起来，对小曲的推荐当然也就不以为然。出于对朋友的支持，她拿了两盒面膜和一盒舒敏露，但她心里却一点信心都没有，“我的皮肤问题我也不指望它能治好，千万别把问题弄得更加严重就行。”

因为担心，她将这三款产品的成分表都查了一遍，发现没什么可疑成分，这才开始使用。一段时间下来，佟菲竟然发现自己的痘痘真的变少了，皮肤变好了！

当时，佟菲的儿子正好有湿疹，从小就买肤乐霜，还用过当地医院配的几种药膏，但湿疹总是反反复复，总断不了根。小曲这时也建议她给孩子试试舒敏露，她虽然有点犹豫，但想到自己的痘痘就是被波碧水治好的，还是给孩子试了试，这一次她同样没有失望，在使用过两个多月舒敏露之后，儿子的湿疹再也没有发作过了。

这时小曲劝她做波碧水的代理。佟菲心下有些犹豫，自己用着有效，但不表示别人用着也有效，要是自己把有问题的产品推荐给了朋友，赚钱事小，毁了人品事大。于是佟菲把波碧水产品送到搞化学的朋友那里做检测，结果表明，补水面膜里全是气泡和氨基酸活性分子，这些成分可以帮助补水和锁水，没有发现有害或激素成分；舒敏露里也没有铅汞等重金属和激素的影子。

这回佟菲彻底放心了，她觉得这是一次机会。这产品卖出去真的能帮助人们解决皮肤问题，改善肤质，不会有任何问题。她毫不犹豫地从发小那里拿了 5000 元的货，开始踏入了波碧水的代理生涯。这一步虽然走得比较迟疑，但一旦认准，佟菲便是箭在弦上不得不发了。

帮人就是帮己，懂感恩才能赚财富

“当时家人根本不支持，老公看到我把货往家搬都没有反应，在潜意识里，他可能觉得我又买了一堆儿没用的东西，折腾几天就消停了。但我比较倔，既然做了，就做到底。家人不支持反而激起了我的斗志，我暗下决心，一定要做出成绩给他们看。”

佟菲比普通女孩早熟。高中毕业，佟菲就开始给人推销房地产的书刊广告。一个高中生，也没有背景关系，很难找到愿意投钱的地产商，这让她很着急。当时正好赶上一个房交会，她就免费去给地产商卖房，还来来回回地帮他搬货。地产商被感动了，主动替佟菲介绍了愿意刊登广告的同行，让佟菲赚取了她人生中第一笔大钱，整整一万六。

这段经历让佟菲明白了一个生活的道理，懂得了感恩，“你会发现人生中你无心去做的一些事情，看起来好像也没有什么用处，但是将来的某一天它给你回馈的东西，

可能是成倍的，是你意想不到的。现在只要有机会，我很愿意力所能及地帮助别人，帮助别人其实就是在帮自己。”

这次做波碧水代理，以前积累的销售经验就又可以用上了，这让她干劲十足。当时的佟菲因为怀孕、生孩子，已经赋闲在家整整两年了，人脉资源几乎消失殆尽。但她依然信心十足，人生只要有梦想并努力付出行动，就可以将看起来似乎不太可能的事情变成可能。

万事开头难。做波碧水代理以后，她真心实意地和朋友们分享使用过的产品，根据他们的需求搭配最佳的护肤方案。第一笔是个小单，佟菲开着车从呼和浩特市的东边跑到西边给人家送货，赚的那点利润其实连油钱都不够。“我当时就是为了见见人家，看看人家的皮肤，看能不能再卖点儿别的东西。”佟菲坦言这是她从商以来赚得最少的，却是最激动的。“感觉我这个全职妈妈得到了别人的认可，一下子就找到了方向。”

做代理，仅仅靠勤奋是不够的，还要动脑。在生活中，佟菲一直是一个热心肠的人，只要朋友有困难，她都会尽全力地帮助他们，她的这个优势借助微信平台迅速得到放大，很短时间内，她的朋友圈就从200人扩展到3000多人。“去吃个饭、剪个头发，我就帮老板分享店面加个微信，人脉圈就是这样一个一个累积起来的。”

做代理还需要一定的实力，看准了还要敢于投入。为了让波碧水品牌被更多的人知道，佟菲开始对品牌进行线下推广，她自掏腰包花了好几万，把呼市全部的好车都集中到夜店门口搞活动，请国外的DJ来打碟搞气氛，一下子吸引了好多人，品牌知名度一下子就打开了，效果非常好。

做代理后的佟菲非常努力，也因此获得了丰厚回报。她每天和代理沟通，经常搬货物到半夜，抽空学习美容护肤知识，每天都像打了鸡血一样。很快，佟菲从普通代理做到了市代、省代，她忙着开始天天招商，一个半月就招到了六个市代，事业如火如荼地展开了，她也赚到了一桶金。“一个赋闲在家的全职妈妈，突然找到了自己的事业，而且赚的比老公还多，一下子就觉得找到了前所未有的自信，那种幸福真有点儿让人晕头转向的。”说起当时的成功，佟菲还是按捺不住兴奋。

懈怠导致的低谷以及漂亮的绝地反击

做到了省代之后，佟菲渐渐开始懈怠了。慢慢地，她没有了以前的那股拼劲，觉得自己没有主战场了，招到的代理反正也会分给市代，自己管好这些市代就好，自己每个月轻轻松松就可以赚上几万，还没有店面经营成本。没有了动力和压力的佟菲开始局限于自我满足，加上当时微商竞争无序，她的业绩不久就开始大幅下滑，“因为当时我的懈怠，给市代做的培训非常少，只是放手让她们自己去做，好多的市代也都受到了一些不好的影响，现在想一想，真觉得愧对她们，其实她们当中的不少人也挺努力的。”

两年的懈怠，让佟菲之前努力成果消失殆尽，事业走入低谷。好在遇上波碧水重新整改，机会又放在了眼前，可她原来的销售团队成员有的不做了，有的跟了别的团队，佟菲觉得自己像个孤家寡人。她坦言自己当时真的没有信心。“波碧水一直专注做品质，没有造势，再加上别的品牌的一些低价、低门槛的吸引力，好多代理都觉得波碧水不会再有春天了。”

佟菲觉得自己放弃对不起手下仅剩的代理们，在公司孙总的鼓励下，一向倔强的她暗暗咬牙，重新上路了。她跟身边的朋友借了一些钱拿到战略合伙人资格，用了三个月的时间从六个代理发展到现在 65 个，提前完成全年的业绩。年中三亚聚会上，她抱着孙总哭了，感谢公司对她的支持，孙总也直言佟菲太让自己刮目相看了。

这次的绝地反击，佟菲付出了比之前多得多的努力。她差不多把身边所有的代理全谈了一遍，针对每个代理的特点，给每个人做了一个详细的规划和目标；在一个月的时间里，她开起了一家实体店，从店面的选址、装修，人员的培训都是自己一手盯着，目的就是让客户可以更好地体验产品和服务；她没日没夜地熬夜写课件，把之前积累的销售理念、技巧用到微商经营上；定期对队员进行培训，提升她们的能力，让她们找到自信……“你再有能力，你找一百人，和一百个人再找一百人是两种概念，所以我在做的时候，我就尽量锻炼我自己手下的代理，让她们拥有这种能力，这样就可能发展得快一点。”

事业回春后，她又重新变得激情四射，信心百倍。通过三个月的拼搏，她的代理们招到了各种各样的团队，而她自己也招到了很多品牌大区、官方的总代。“人的潜力真是无限的，经过努力，50 万的货三个月就卖完了。很幸运，我和我的团队又一次华丽地变身了。”

做一名成功微商必须的三大支持

佟菲的微商事业可谓一波三折，有高潮有低谷，充满了变数。好在现在，她通过自己的努力，又一次成功地绝地反击。作为一名资深微商，佟菲认为自己能够取得现在的成绩，除了自己的努力外，更归功于拥有的三大支持。

品牌领导的大力支持

在采访过程中，佟菲提到最多的人就是公司领导孙总。在她低潮甚至一度要放弃时，是孙总一再鼓励她，支持她拿了省代。当时刚生完孩子还在坐月子的孙总来当地出差，冒雨约她喝酒，和她聊近况，就是为了给她打气。在佟菲压力重重那段日子，孙总经常在哄孩子睡着之后，半夜两点还给佟菲打电话，帮她跃出过不去的坎。“我接触过的微商品牌大都利益当前，代理们也是在商言商，而我对波碧水的领导是非常感恩的，他们对我不仅有专业上的教导，更有真挚情感的付出，让我感受到亲人朋友般的关怀，这种感恩可以让我为公司做任何事情。”有了孙总的大力支持，佟菲干得特别起劲，按照她的话说，自己是不可以辜负这份信任的。“公司老总都这么努力，你还有什么理由不拼一把？波碧水之所以能成就那么多人的梦想，绝对不是靠运气，而是公司领导做出了很好的榜样，带给我们特别大的信心和能量。”

偶像做同事

佟菲之所以走上微商这条路，与自己的发小，如今也是波碧水的战略合伙人的小曲是脱不了关系的。当时是小曲坚持让她试试波碧水来治疗痘痘，她才发现了这么好的产品，从而走上微商代理的路。小曲是一个特别认真负责的代理，那时候快要生孩子了，还大着肚子每天给她搬货。生孩子前的头一天，她还在给佟菲配货，生完孩子麻药刚过去，就又拿着手机给代理们发微信，告诉产品怎么用。小曲还是一个特别有远见的人，很早就在呼市办起了实体店，让自己手下代理的客户都可以去体验产品和服务，小曲的精神和努力一直让佟菲异常佩服。“微商团队最重要的就是老大，什么样的老大就会带出什么样的徒弟，小曲的拼劲一直深深地影响着我。”

全家的支持

可以说，没有家人的支持，做微商简直寸步难行。有段时间佟菲忙于经营微商事业，只好把儿子交给婆婆带，一个星期才能见儿子一面，错过了儿子人生中很多的第一次。“我都不知道儿子什么时候学会的走路，什么时候开口说的话，什么时候认识了那些字，那时候我可能更多是在给代理和客户服务，我觉得特别亏欠儿子。他为我的成功也付出了很多。”正是因为婆婆、老公的帮助和支持，佟菲才可以全身心投入自己的微商事业中，才会拥有现在的成就。

从找不到存在感的全职妈妈，到实现自我价值的战略合伙人，佟菲改变了很多。在佟菲的眼里，微商不仅仅是一份工作，更成为一种情感的寄托。“我跟波碧水的这种感情不是金钱能给予的，就是你会发现原来你的人生很封闭，除了你的家庭、身边的朋友外，没有别人了，但是通过波碧水，我认识了很多代理，他们给了我很多感动，在我需要帮助的时候，很多人都来帮我。这种人人为我，我为人人的感觉特别好，这种美好的感觉是微商带给我的。”

3

Balancing family with career

用事业平衡家庭

罗薇：最大的成功是赢得尊重

>>>

——陈薇

罗薇长得娟秀精致，她的笑容甜美，目光柔和，一双清亮的大眼睛让人印象深刻。作为波碧水战略合伙人的罗薇，麾下拥有70多个代理，短短两年就创造了几百万的营销业绩。聊起工作的时候，她整个人就像被点燃般激情四射，光彩与精明从眉宇间流露出来，能感受到她纤柔的身体里蕴藏着巨大的能量。

看着这样的罗薇，没人会想到她曾经是个因离婚而潦倒失意的单亲妈妈，一段缺乏尊重的婚姻曾给她巨大的伤害。一个低到尘埃里的女人，却因为一个偶然的机会，逆转命运，获得成功，重新找到自信。

离婚女人的崛起，只需要一个机会

在加入波碧水之前，罗薇没有任何光环，她说那段时间觉得自己已经低到了尘埃里。

罗薇是一位单亲妈妈，2012年和前夫离婚之后进入了人生的低谷，用她自己的话来说——“那时候我是个充满负能量的人，太颓废了”，每天下班后把孩子丢给父母就去打麻将，每个月1000多块的工资，钱输光了就在家待着，赢了就去消费。

那时候她才31岁，静下心来也会反省与自责，“我觉得我的人生不应该这样，婚姻失败，没有幸福的家庭，孩子也不照看，在单位上每天和同事张家长李家短的聊八卦新闻，这样的生活，一点意义都没有。”

当时罗薇身边的一个朋友在做波碧水，因为两人关系很好，朋友希望她能振作一些，就邀她入行，“我当时还是比较排斥微商的，她就说实在不行你先了解一下产品，她说觉得我可以做，告诉我每个月能赚到多少钱，那时候我的生活拮据，心想既然能赚到钱，那么我就尝试一下。”

罗薇后来怎么也没有想到，自己尝试着买的一盒面膜竟然改变了自己一生！那时候皮肤特别干，用了面膜以后感觉这东西怎么这么神奇，补水瞬间完成。于是她就狠了狠心，拿出自己仅有的5000块钱开始做一个小代理，因为平时为人豪爽朋友多，前期的生意还是很不错的，三天的时间就卖了7000多块钱。那时候依靠人脉的分享经济和朋友的支持，让她起步得很顺利。受到鼓舞的罗薇想既然产品那么好，一定能赚钱，不如干脆做大，于是向朋友借了3万块，做了分销商。

“但是，当看到3万块钱面膜堆在家的时候还是比较紧张的，因为刚开始的都是友情交易，人家照顾你的生意，现在已经饱和了，不由得开始着急，心想这3万块钱什么时候才能收回来还给人家。那时候不懂营销，就自己摸着石头过河，我就想能不能找人帮忙一起卖，就找到了我以前的一个同事，她有微商经验，平时在微信上卖衣服卖包包，我就直接找她帮我卖。从那以后我们就一起赚钱，一起成长，她现在还是我的代理，而且今年已经拿下了12万的预备合伙人。

当我在波碧水赚到自己第一桶金的时候，就觉得有价值的事情应该要专注地去做，于是就把工作给辞了，想闯一闯。”

罗薇觉得当一个人把自己的后路都断了的时候，就只能拼命去奋斗了。

这仅仅是在接触了波碧水三个月的时候，“当时就是为了挣钱。”因为当时以她的收入和父母的退休工资加在一起也才几千元，却要负担全家人的生活，压力比较大，所以她孤注一掷地选定了这条路，希望能改变生活现状。

辞职以后，她每天包里面装上自己分装的面膜小样，见人就送，还给别人看自己用了波碧水前后的皮肤状况的改变，从一脸痘痘到肌肤细滑，还是很有说服力的，慢慢就这样做了起来，第一批 3 万块钱的货仅用了一个多月的时间就销出去了。

做微商必须懂得如何做宣传

“实际上我们贵州的信息是比较闭塞的，不像北上广，在信息量方面超过我们很多，所以我们是属于本土化发展，不用着急走出去，要先在当地打好根基。在当地发展的好处是什么呢？就是能够迅速地把产品的知名度给提升起来，如果在一二线城市，要把知名度打上去，起码是要在电视上打广告的。

像我们毕节，本来人口就少，城区只有 30 万左右，那么我们就会选择一些投资小但有效果的广告方式去打开知名度：

一个是靠我们的朋友圈，作为销售主力的渠道。我觉得微商就是做人脉。就像我自己前期积累人脉，三天就可以做几千的零售。而对于没有人脉的，发了一个月的朋友圈，都没有人过问，这种情况也是大有人在的。基于这种情况，我们就鼓励他们走到线下去，暂时告别线上，包括无偿地把产品送给顾客去体验，做地面推广，都是不错的办法。

二是找一些免费的资源，或者很划算的媒体，比如把广告贴在快递车上，还有墙体广告、电梯广告，用最少的支出得到良好广告的效益。

比如我们的电梯广告，一台电梯一个月才 40 块钱，我们就花几千块钱就能在毕节最高端的小区把广告铺开。

因为我们在宣传投入之前做了很多考察，这种电梯广告虽然投入少，但是效益很可观。所以说本地宣传的优势就是：广告的传播力度比较大，因为地方小，传播速度就比较快。大家获得信息的渠道相对较少，我们的渠道就能快速取得效果。这也是我们本土

的最大化发展的一个原因。

在你暂时走不出去的时候，就只能利用当地和身边的资源把产品做起来。其实这个空间也是不小的，你可以算一下，就是一个再小的城市，它的人口基本上都能达到几十万，但是以我们的销量，还有代理的基数，市场空间肯定是很大的。”

在罗薇掰着手指头跟我算着账的时候，我看到她眼睛里有耀眼的星光，这个看起来柔弱的小女人此刻正显得神采奕奕。

回馈社会，也让孩子懂得感恩

作为一个成功的微商，罗薇觉得自己在得到的同时，也应该对社会有所付出。

“开始的时候想做义卖，义卖当天成交多少就捐赠给有需要的地方，但是经过一番考量，觉得不太好意思，而且有些人还可能说你是打着义卖的幌子，去做你自己的事情，钱就不知道去哪儿了。”

于是她就先从关爱孩子出发，每遇到比较困难的孩子，她就会给他们送去一些实用的东西，与同事们自发地组织起来，走扶贫的线路送爱心，也会带上自己的孩子，让他们从小就学会关爱他人，她说：“你整天在微信上发广告，你赚了钱，所以你肯定也要做一些事，做这些事大家都是自发的，这也展现了我们团队正能量的一面。我们并不是光赚钱，在力所能及的范围内，我们也会回馈，也会教育自己的孩子从小就要有一颗感恩的心。

参加这种活动后，我儿子也有他自己的感触，他跟我说，好庆幸，我生活在城市里面。他会更珍惜自己的生活，这也是一种成长。不光是他，我自己也都会因此而成长。”

复婚？等我看看你的表现吧

从做微商伊始，罗薇的父母就很支持，“以前他们看到我就是每天去打麻将，每天出去玩，现在有事情做了，他们高兴都来不及。我爸爸 60 多岁了，因为每天早上都锻炼，身体还不错。他会主动帮我搬货，我们一到货就是几十件，他就说重的由他来搬。

妈妈帮我带孩子，每天把孩子送到学校还要再到店里帮我们做吃的，父母都是全力支持，是我的坚强的后盾。孩子现在 12 岁了，我的变化他也看在眼里，以前我出门了，他说妈你又去打麻将啊，现在，他会说妈你要去摆摊啦？

儿子觉得我变得更棒了，充满了正能量，我在北京上总裁班或者出去参加活动都会发照片和视频给他看，他说，哎呀，妈妈现在好像明星啊。”

说到这儿，罗薇的大眼睛笑成了两道弯月，“他一会儿会过来接我，他爸爸带他过来。以前我前夫可不会这样，他才不会管你。”

没有离婚的时候，罗薇没有工作在家当太太，而老公在银行上班，每次用钱，都要向老公伸手，他给钱的感觉就像在打发施舍，那时候罗薇很难过，觉得自己的人生怎么是这样的。当时就是因为这种落差而分开的。

但是现在不一样了，她自立了，成长了，有自信了。所以前夫又想回来找她，所以说当你足够优秀的时候，也就清风自来了。“他说我现在改变很大，希望能重新把家庭组建起来，给孩子一个完整的家。但是我跟他说，要看你的表现了。”

从 2012 年离婚，到现在五年多的时间。她在这期间经历着生活，改变着自我，而他也一直没有再成家，默默地看着她的变化，罗薇说她业绩最好的时候，也是前夫求和意愿最强烈的时候。

我问她，“那你还要在审查他一段时间？”

“肯定的，必须的，我现在有资本了。”语调里洋溢着小女人的骄傲。

转而，她脸上又恢复了平静，缓缓地说“回想起来，他离开我的那段时间还是挺难过的，对于每个女人来说，都是很艰辛的一件事儿。

而现在也没有什么不好，我没有让孩子感觉是在单亲家庭里长大，我对孩子的教育模式就是和他像朋友一样去相处。我跟他说，虽然说妈妈和爸爸离婚了，但是我们还是很爱你，而且比以前更爱你，你想和谁在一起就和在一起，不会强迫你。

现在我有正能量，可以去感染儿子，如果是以前的话，我就会说，都怪你爸爸，我们家庭才会散。现在我不会再这样教育他了。前夫有时也会带孩子一段时间，是我们两个人共同陪着孩子长大。至于是否要复婚，到时候再说吧，目前还没考虑。

现在这种生活状态挺好，我也不想去改变，因为我觉得，这么多年，我习惯了一个人，自己这么努力工作，事业已经有所成就。如果我现在再回去重新组建家庭的话，更多的精力可能会投入到家庭上面去，那么在事业上肯定有所分散，但现在我在上升期，还想再拼一下。”

看着她精致的五官、凝脂一样的皮肤，以及眼神里藏不住的光芒，我觉得，这个女人一定可以有更好的未来。

用好品牌来对抗行业的鱼龙混杂

对于微商行业，外界的人总会以偏概全，罗薇给我普及了一些业内词汇，比如“做爆款”“操盘手”。她说只有了解了才能认清这个行业，才能做出正确的选择。

“现在网络传播的力量这么大，很多品牌就会找一个操盘手，用炒作挣钱。前两年很多人都喜欢跟风，毕竟微商起步容易，也是入门最简单的行业，不用投资太多，几百块钱就可以加入。有人就是找到这种操盘手以后不断地去炒作他的产品，然后去吸纳下面代理的钱，产品也会发到你手里，但是当资金积累到一定程度的时候，他的公司就完全消失了，你根本找不到他的人在哪里。微商的名声往往就坏在这些人手里。”

罗薇觉得，现在很多人选择微商还是缺乏一种理性。不会去考察产品的背景或者公司的实力，只看炒作，看到能赚很多钱就失去理智，盲目地去投资。“这样比起来，波碧水走的路线一直都很低调，很真诚，代理从各方面来讲，素质方面都要比其他品牌的高很多，我们更关注产品本身，是哪里研发的，研发人是谁，产品的配方是什么？波碧水现在每个星期一都要给我们进行专业的培训，每次培训都会请大学里的教授、专家来讲课，让我们受益匪浅。只有不断地学习才能提升你自己，不管你是去做零售也好，代理也好，你都能够更好地去说服别人。”

如今波碧水在地方上有了一定的名气，罗薇也成了一方名人。但是她说这些还远远不够，“我目前的梦想就是让团队里的每一个代理都能够更快地成长起来。因为她们年龄比我小，都是90后，还有1997年、1998年生的，都是一些小姑娘，她们的资历尚浅，我特别希望她们能够快速地成长起来，拥有自己的事业，对她们以后的婚姻家庭都会有很大的帮助。”

罗薇心里的那个自己已经开始变得越来越完美了，不再碌碌无为，不再是父母的负担，已经成为孩子的榜样，生活精彩纷呈。离婚的噩梦已经远去，未来的幸福因事业的成功也越走越近。此时的她已深深懂得，赢得尊重、赢得幸福的基础必然是拥有属于自己的天地，这方天地中，自己才是梦想的主人。

谢汝芳子：做微商也可以云淡风轻

>>>

——陈薇

谢汝芳子的名字很特别，她说是爷爷给起的，他们这一辈的孩子都是四个字的名字，出发点是为了不重名。但是爷爷可能没有想到，从小叫着四字名字长大的孩子，总归会是有些与众不同的。

见到芳子本人时，着实被惊艳到了，她五官舒朗妩媚，皮肤细腻紧致，眼神和煦似有暖风，让人心生柔情。更让人惊喜的是，美成这样的女人居然没有半点美女专属的矜傲，反而亲和力满满。

工作稳定，家庭幸福，工作之外又有自己的小事业，芳子对自己的要求很全面，但从她的性情里却看不到一点强势。

总以为事业有所成就的女人总该有一些锋芒的，而她却是个反例，从内到外都是和风细雨的。能把业绩做到如此精彩，应该是有另一种形式的成功法则吧。

投资失败，走上微商之路

芳子并不是本地人，为了和爱人在一起，她离开了自己的家乡，跟随丈夫来到了人生地不熟的贵州织金县，在当地的中国移动公司工作。丈夫是一名公安人员，两个人虽说收入不高，但是日子过得安稳甜蜜。

2014 年 9 月，他们的宝宝出生了，为了让宝宝多些福气、多些快乐，宝宝的小名取为多多，芳子在微信上的名字也改成为“多妈”。

然而就在这一年的年底，小两口投资失败，存款全部赔了进去，所有的现实问题排山倒海似的压了过来：房贷要还，宝宝的奶粉要买，日常开销也要削减。

最困难的时候，家里的汽车保险需要交 5 千多块钱，到期的时候没钱交，脱保了两个多月。聊到这里的时候芳子有些哽咽，从小衣食无忧的她在那个时候体会到了生活的艰难，也正是这种艰难让她柔弱的肩头开始有了担当。

正巧那个时候她在用波碧水的面膜调理产后的皮肤，皮肤改善显著，这让她对波碧水有了新的期待——也许这小小的面膜可以让她摆脱生活上的困境?

她回忆说——“如果不遇到这个难关，我不一定会想到要去找一份工作来，增加收入。因为我结婚之前在家里面从来不会考虑钱的问题，自己家的条件还是相对不错的，所以那个时候，心理上真的接受不了这种状态，必须得改变一下。因为以前也有一些额外收入，投资不当导致钱全打了水漂，若是守着这份死工资，要满足各种开销肯定是不够的。我不愿意过紧巴巴的生活，就想一定要自己做一点事情。”

从那一刻起，她决定做波碧水的微商代理。

零人脉 要用头脑去开拓

然而芳子在织金几乎没有亲戚和朋友，可以说是零人脉，这对于一个微商来说，简直是先天不足。她认识的本地人，除了丈夫的家人、朋友，就只有同事了。

没有人脉就创造人脉。作为中国移动公司的客户经理，她需要和很多单位对接，接触合作单位的领导多一些，也算是在做销售行业，带有一定的服务性，她觉得这些工作内容都为她从事微商打了基础。

她是一个耐得住性子的人，认准了目标之后，人脉、资源都是可以积少成多的。而她需要的，就是做好自己分内的事儿。

对于微商事业的起步与发展，她觉得是有些艰辛的，“我刚开始是做波碧水 5 千块钱的零售商，那时候每个月授权一次，就这样做了三个月。因为做了这个产品，就会更了解这个产品，发现这个产品的品质信誉各方面还是蛮不错的。当时在织金，知道这个产品的人很少，基本上是靠我从朋友圈开始做起。”

那时候我的同事也是在观望，虽然说没人买，但也没有拉黑否定你。三个月以后，我做了织金的县代，一个月拿 3 万块钱的货，当时拿来也销不完，尽管联系了一家药房可以入驻，但却是不允许上柜的，只有知道的熟客才会去买，所以回购率很高。

虽然销量很低，但是用户对产品的评价都还是蛮好的，我就觉得值得坚持。一年以后，我开始有了我的第一个代理，她是我的同事，平时对护肤品很讲究，要求不低，她看到我皮肤的改善，以及我一年间的用心推荐，开始对波碧水有了信心，决定加入我们的队伍。

2015 年的三八节，我们有配送活动，再加上公司的培训招募，那段时间用朋友的话来说就是我的人品大爆发了！一个月差不多有七八个人找我做代理。

自此芳子开始对自己有了信心，小事业逐渐顺风顺水了起来。到今天为止，芳子已经是拥有几十位代理的战略合伙人了。

“所以说不是你没人脉就做不好这个事情，我现在就会鼓励一些代理，比如全职宝妈的那种，没有人脉没关系，就算只有 100 个微信好友，然后有 50 人把你屏蔽了，但只要有 10 个人关注你，5 个人跟你买产品，那就是一个好的开始。你的人脉现在是 100 人的基础，但只要你想增加，就有各种方法去增加。”

这里所说的各种方法，芳子是很有心得的，我也很好奇她这样一个文静内敛的人该是如何去增加人脉的。

“比如我们有一款祛痘产品，效果很好，而且成分安全，连孕妇和小孩都可以用，用它做敲门砖是最有效的。

但我不会走在街上看见别人长痘痘，就去跟人家说试一下我们的产品，那样太唐突了。主要还是从身边，认识的人着手，因为和你认识的话，你就已经具备了一个信任度，然后一起吃个饭，和人家聊聊天，如果看人家长痘痘了，我就会直接就送产品送给她用，有了效果，她一定会给你带来人脉的。”

除了这种从身边人带来客户的方法，吸引陌生人也是非常必要且重要的，那就需要广告，地推和各种合作推广了。我们来看看她的各种成功案例：

在电影院做广告

“小地方也有小地方的优势，比如我们去电影院做推广只需要买点儿电影票。最有价值的是映前广告，很多大影院是要收费的，但有的小影院只要你买 100 张电影票，就可以给你播几天甚至是一个月的广告。我们还顺便把买来的电影票送客户卖个人情，一举两得！”

与商家联盟合作

“商家联盟其实也是我们拿产品去送，因为我们对自己产品有信心，所以就不怕你试用，前期就大量往外送，让大家都体验。权当是宣传投入了，当然总会有惊喜反馈给我们。”

随机应变的推广

“有时候的推广是临时的，比如说我看见县里面有什么活动，就会想方设法，借机让我们的产品参与一下。

有一次，织金排名第一的私立幼儿园五周年园庆，我觉得是个机会，刚好有一个代理和他家是亲戚，我就跟她说，赶紧去联系，我们赞助产品，因为有宝妈要带孩子去演出，还要评选优秀家长，那将会有大批我们的目标用户参加。

园庆活动联系成功之后，全部由我们来提供产品赞助，送出去了几十份，我们还给奖品加上了二维码。结果有很多宝妈主动来加我们，了解产品，效果显著。”

利用好家乡资源

“织金的市场做起来之后，又返回头来在我的家乡新沂发展，毕竟那里有我的亲人和朋友，我要把资源慢慢地利用起来，再加上在织金积累起来的经验，这将是我的两个主要阵地。”

芳子虽然柔和内敛，但同时她又细心、敏锐，能够发现拓展资源的有效渠道，而这种风格可能比强势出击的风格相比，成功率更高。

不主动式营销，更能打动人

出于对产品的信心，芳子有一套适合自己性格的不主动式营销法，“产品足够好，我就是要把这个市场给做起来。但我的性格不是那种特别主动型的，不会见人就推销我的产品。”

芳子是在产假期间开始做波碧水的，休完产假回来，还是有一些顾虑，觉得不想让单位同事知道。当时有一个同事也在做其他品牌的面膜，所以她在单位就更为低调，不会特别主动去推销，只有有人问到，她才会讲解一下，甚至送人试用。但是试用以后羞涩的芳子都不好意思问问效果如何，总觉得一问，别人会以为是在催买产品。

“那时，我就是那种特不主动的人。现在，我会有意去引入话题，但不会直接跟别人说你试一下我们的产品。比如说像今天我们早上去爬山，我就会拿出我们的防晒喷雾，人多的时候去喷一下，有的人就会注意你，关注你，进而来询问。这就是一种潜移默化的影响。”

芳子不喜欢主动出击。现在波碧水的产品在织金已经有知名度了，所以有一些观望了三年的人也开始相信这个品牌可能真的是有效，于是会主动咨询芳子。“只要你问到我，我就会根据你的皮肤问题配一套产品送给你，你先用，觉得皮肤有改善以后，再来配。”

至于送出去多少，又返回来多少这的比例，芳子都没有计算过，“前期做推广主要是试用和送出去的比较多，那现在市场逐渐打开，送出去的量更大一点。

前段时间，我的微信朋友圈有一个卖其他品牌面膜的朋友来找我买面膜，她问我打了水光针可不可以用我们的 5 分钟面膜？我就知道她肯定是对我们产品有一定了解的，然后我说可以的，很有底气，因为这款面膜就是有修复功效的，你刚刚微整以后也是可以用的，哪怕脸上有针眼都可以用。她就说那我买三片，因为我们这面膜一盒是十片的，一般送人体验我会送一片，那她说买三片。我当时就想吸引她过来做我们的产品，于是就没收钱，直接送她了。

虽然之后没有得到明确反馈，因为她自己也做护肤品，但我会持续关注的，一般只要是咨询过我们产品的，用过我们产品的，用过我们小样体验的，我都会给他标注清楚，会主动询问，但目的不是一定要你买我们的产品，而是对你的皮肤负责。

我的这种营销方式，还是出于对产品有极大的信心，因为成功率一点也不比主动营销的低！”

宝宝和我一起做微商

说到家人对她做微商的看法，芳子很是欣慰，“家里面从一开始就蛮支持的，没有反对，没有阻拦，也没有说这个是传销，因为我爸爸妈妈就是自己辞职出来的，一九九几年的时候就下海经商了，所以他们的思想很开放，乐于接受新事物。

老公更是从态度到行动上都支持，刚开始做地推没有代理，也没有帮手，需要搬运产品，搭建展台，全都是他在帮我做。

其实就我们当地的消费水平来说，我们的工资也不低了，只是想再提高一点生活质量。因为有了宝宝以后，什么都想要给他最好的。

而我做微商对孩子的影响也比较大，孩子现在差不多快三岁了，他一岁多的时候，就是刚会走路的时候，就会帮我搬货了。现在我要送货，他就帮忙提；我们货多的时候，他爸爸用拖车拖，他会很用力地帮忙推，有小男子汉的感觉。”

翻看芳子的朋友圈，多多小朋友的出镜率是非常高的，但多多并不是简单地在出镜，而是在帮妈妈做宣传，做内容营销。

比如在小视频里他用含混不清的小奶音说：“祝波碧水集团大卖！”（孩子太小了，真的是听不太清说的是什么）多妈就让大家来猜，猜对的赠送新产品。还有多多用小胖手拿着扫码机，笨手笨脚扫码的视频，简直萌翻了一车的客户阿姨。很多人都强调的微商朋友圈个人风格，在芳子这里是由多多树立的。

可能有人会对孩子早早参与到父母的生意中表示不理解，孩子似乎不应该接触到太多跟金钱相关的事情。可芳子不这么看，“让孩子早一点有金钱观念对他们的成长是有好处的，而让他们早早理解父母的辛苦更是有必要的！”没错，把孩子封在不知世事的童话世界里对孩子来说并非好事，对外界一无所知，长大后让他们如何面对艰难复杂的成人社会？

微商让我见识了世界

芳子是独生子女，出嫁前从来没有遇到过什么真正的艰难；读书的时候，也没有太努力，成绩一直都不算拔尖；踏入社会工作以后，也没有刻意规划过自己的职业与未来，再加上她与世无争的温柔性格，如果不是做微商，可能一辈子都会在一个地方，过着不用拼搏，也没有成就感的平淡生活。

但是加入微商团队以后，芳子不管是个性还是意志都得到了磨炼，会为了自己认定的东西去坚持，把它做好。

“有的代理可能做了三个月，还没有看到成效，就退出了，没有收获，也就没有发言权，失去了成长的机会。但是我们坚持了，从最困难的时候——推广空白期的时候开始，到现在，可以说在织金，像我们这一年龄段的基本上都认识波碧水。这样的效果是我们一路的努力得来的，当然还有很多市场需要去开发，这是一种心智上的磨炼，对自己提升很大。”

现在芳子每个月做微商的纯利润在三四万左右，这对于一个平均工资四五千的县城来说已经相当优厚了。

“这个成绩还不算好，但我的生活质量一直在提高，现在不会为了买一样东西去纠结价格，工资卡就当存钱了。我比较满意现在的这种状态。不是说拥有多少财富，觉得自己的生活质量在不断地提高，每天都有种欣欣向荣的感觉，我觉得就很好。”

做了微商之后就觉得每天都需要提升，需要学习，从护肤品的专业知识到产品营销方式。现在有了团队，要带新代理，就要对他们有帮助，只有自己的知识储备充足了，才可以更好地引导别人。甚至在做微商学到的营销知识都可以灵活运用到自己的正式工作上。

“我喜欢微商这份职业，它让我们有机会从家乡走出来，见到更多优秀的人，看到更广阔的世界，你会发现世界原来很大！其实你离成功还是很远，但只要一直在进步，一直在学习，对自己一直有要求就好了，保持这种心态，一直去提升自己就可以。”

并非咄咄逼人的女强人才能成功，不爱强求的温柔芳子，在自己选择的微商道路上走得优哉，拥有着一份自得与自由。或许用自己的风格刻画生活，或许只需要一点坚定与坚持。

张力：不断成长的女人最美

>>>

——凉弘

时间是最让人敬畏的朋友，在有过那些特别的生活经历之后，它为你沉淀的生活感悟，会让你的内心一点点地在成长，变得越来越强大！

对张力来说，事业的成功和家庭的和谐，并没有经过刻意为之的特殊修炼，而更像是一场不期而遇的精彩。

转战微商，没有好产品就只有败绩

来自西安长安的张力，是个很有主见的女人。她说自己喜欢自由自在的生活，所以从来没有上过班，没有做过打工族。结婚后，和老公开了一家烟酒商行，开始时生意挺红火，很快就挣回了成本。可是，出乎她意料的是，由于国家出台一些公款限购制度，对他们的生意造成“致命”的打击，生意一落千丈造成资金周转都成了困难。张力着急了，眼见着生意日渐下滑，她觉得如果再不想办法，生活都难以为继。碰巧的是，这个时间点恰好是微商刚刚起步的阶段。2013 年底，属于一个微商红利期。当时微商刚开始火，但是很多人也不了解。张力的第一感觉是好奇，生意居然可以这样做？之后发现身边有两个朋友在做，感觉他们做得还不错，于是她想是不是自己也可以试试？经过将近两周时间的犹豫，几番心理斗争之后，她终于鼓足勇气转发了朋友圈，踏入了微商行业。

出人意料的是，当时张力关注的两位做微商的朋友，不久就选择放弃了。张力想，最大的问题还是在于选择合适的产品。对她来说，如果说要做，就得把它做好，要不然就没必要开始。所以，张力在选择产品上非常用心，经过综合比较，她决定卖微商爆款，这可能比较保险。当时市面上特别流行的爆款，她都进行了尝试，有韩国代购的产品，有小厂家生产的各类产品……张力是一个交际能力很强的人，所以朋友圈人比较多，看到她转战微商，不少朋友也很支持。由于朋友们的捧场，使得她第一个月的“战果”颇为丰厚，更让她信心满满。但是好景不长，虽然产品是卖出去了，但是没有什么好评。甚至有的朋友责问她，卖的是什么嘛，一点效果都没有。张力听了，心都凉了半截，看来得尽快想办法改变，怪不得原来做微商的朋友做着做着就不干了，原因在于失去了信任。要知道朋友圈做的可都是熟人生意，一旦失去信任就彻底完了。

心急火燎的张力每天都在网上查找各类产品。有一次，看到论坛一个帖子，说的是一个品牌“波碧水”，发现这个品牌的产品美誉度很高。问了身边的朋友，竟然有不少都使用过“波碧水”产品。她在搜索时，还发现一个重要的信息，貌似不少明星也在使用这个牌子的产品。为了证实，她挨个去翻阅了这些明星的微博，看看他们到底用没用，是否发过使用“波碧水”的微博。在进行大量的市场调研之后，张力了解到这是一个有着十几年历史的品牌，并非之前接触的只卖一时热闹的爆款产品。经历多年商战的张力，早已成长为一个对产品非常敏感的商人，她感觉机会来了。虽然此时她从未看到过“波碧水”的庐山真面目，但是从各种信息透露出的信号，她直觉判断这是一个有潜力的品牌。张力的想法很简单，她需要选择一个可以长久持续的牌子，尤其是好评度高的产品才值得跟进，要不然真的走不长远。

张力说很庆幸，自己是一个有积极思维的人，从没担心过卖不出去怎么办，只考虑这些货拿回来该怎么卖出去。其实当时，她也算豁出去了，拿了5万块钱的货，这对于当时的张力而言，可是全部身家。这次，她找对了产品和策略，由于是自己亲自试用后的感受，非常有亲和力，而且真实，很多朋友看到她发的内容后，尤其是图片的证实后，非常踊跃地参与互动，很快就有了不错的销售成绩。

很多人会觉得微商上手容易，赚钱也容易，但殊不知失败也很容易。没有一个好的产品做支撑，最终只能是失去信任，失去用户。在这一点上，微商和任何商业模式都一样。我们也看过很多曾经被宣传的轰轰烈烈的微商，没多久就没了消息，原因便是如此。幸好聪明的张力及时察觉，否则烂产品卖下去，自己在朋友圈里也不会再有信誉。

微商路上，没有质疑就没有成功

当然，成功的路不会一帆风顺。波碧水有一款“五分钟”面膜产品，正常情况下使用效果非常好，尤其是补水效果一流。但是如果体内存有毒素，特别是以前使用过含铅汞及荧光之类护肤品的人，刚开始使用“5分钟面膜”会有一个排毒修复地功效，简单地说就是“激素脸”用了几片面膜之后会有脱敏症状，使得满脸冒痘，甚至满脸

通红。这种情况，张力开始时并不清楚。但是恰恰问题来了，她的一个长得很美的朋友因为经常乱用化妆品，所以肤质特别差，不仅敏感还常长痘。张力当时力荐朋友使用这款面膜，几次之后，朋友跑来找她，差点和张力翻脸。张力看到朋友的脸部状况，感觉天都要塌了，这怎么补偿啊？张力整个人都懵了，感觉自己上当了，立刻气愤地找到总部人员责问他们。经过工作人员详细的讲解，张力意识到是自己对专业知识研究不够，对产品使用的具体方法缺乏钻研，才招来这么大的“麻烦”。虽然自己了解到问题所在，但是，张力知道，让朋友再次信任自己这件事并不容易。但是无论如何，也得劝服朋友再信任自己一次，让她按照科学的方法来进行护理。张力花了整整一个上午的时间给朋友敷舒敏露，喷洋甘菊喷雾，进行缓和调理。到了下午，朋友发现脸上的一些红疹不见了。紧接着，张力开始耐心讲解，告诉朋友这其实是一个脱敏的过程，说明体内有铅汞毒素。为了让朋友信任自己，张力免费送给朋友一瓶舒敏露和几片面膜，建议她继续使用，看看效果。张力心里明白，如果这个“坎”不能过去，自己的信誉肯定大打折扣；如果过去了，说不定可以带来一个好的结果，因为县城地方小，一传十、十传百，这个舆论导向就看自己的策略是否是对的了。朋友拿着产品，将信将疑，不过看到张力的诚意，答应回家再继续使用几天。结果，脸部不再红肿，症状也渐渐消失了。张力得知此事，长舒了一口气，而且几年过去了，朋友的皮肤不再过敏，也不长痘了，还特别感谢张力的推荐。所谓“因祸得福”说的就是这种状况吧。这件事在整个县城造成了轰动效应，无形中让波碧水走入大家的心里，成为很多人的选择。

这件事情给张力的留下的印象太深刻了，有一次创课微盟的年会，她把这个故事改编成一个舞台剧进行了表演，告诉自己的伙伴们，如果想做好自己的品牌，首先要有全面的专业知识，否则“水能载舟亦能覆舟”。

也许，面对别人的质疑和刁难，没有抗拒和退缩，没有放弃自己的选择，从而获得了别人的肯定，这其实也意味着成功。这个经历或许在别人眼中微不足道，但张力觉得，它对于自己却是一个千金不换的收获。

微商让我变成理想中的自己

在做微商的过程中，张力发现很多做微商的女人都“消失”在家人反对的声中。该如何面对这个难题？张力说，要理解亲人的态度和观点，但是为了梦想，最重要的是要怎么面对。不吵不闹，用自己的成功来证明这件事是唯一可行的路，直到赢得他们的支持。

可以说，微商改变了自己。之前，她是一个外表不修边幅的女人，从来没有用过护肤品，甚至洗面奶都很少用，一副大大咧咧的男孩模样，属于毫无“淑女”气质的类型，整天不是打牌就是和朋友吃喝玩乐，毫无生活目标。但是现在，张力越来越喜欢修饰自己，特别是自己带了团队以后，她成为一个有担当、有耐心、有毅力、有目标的女人，随时散发着女性的魅力。她喜欢现在的自己。

不断成长的女人最美。看着张力，不得不承认，这是一个正在“绽放”的女人。微商让张力名利双收。现在，波碧水产品基本覆盖了整个县城，几乎所有女性，要么就在使用，要么就在销售，要么就听说过。这个“成果”让张力颇为自豪。如今家里的所有开销都来源于张力的事业收益，她独揽了开支，成了家庭的支柱，在家里的地位节节高升。现在为了事业发展，需要参加各种会议，家人都非常支持，让她安心外出，不要担心家里的事。看到自己的努力和坚持获得生活上的富足、家庭的和谐、事业的发展，张力觉得非常幸福。

而家人的改变，更是令张力感触。当初，她想做微商时，家人都认为微商是在朋友圈卖东西骗人，当时货到时，老公非常嫌弃，觉得占地方，这让张力苦恼了很久。如今老公会主动帮她进货、出货，说支持张力是最重要的事。

从小张力就是老出乱子的孩子。在张力没做微商之前，即使已经结婚，妈妈都会时常打电话过问她的事情，无时不刻流露出担忧之情。可现在，爸妈特别听自己的，觉得自己的女儿很能干，连打电话说话的态度都变了。尤其是 50 多岁的妈妈，对手机的微信功能不是特别了解，但是却会在自己的朋友圈里时常帮张力发广告。妈妈不会复制粘贴，都是一个字一个字地敲打上去。张力还惊喜地发现妈妈的文案搞得很规范，很像那么一回事儿。直到有一天，张力在妈妈的抽屉里面找到一个本子，上面写了满满一本是张力在朋友圈发布的广告文字，尤其是比较重要的句子，都做了认真地记录。原来，妈妈每次都是把图片上传之后，再照着本子一个字一个字打进手机上。

聊到这里，张力又难过又感动，眼泪不禁流了下来。妈妈默默地用行动来表达对张力的支持，这让她非常珍惜。可以说，家人的支持对微商是否成功至关重要。她觉得自己一定得认真努力，向更理想中的自己努力，才能不辜负家人的支持。

关于微商的思考，我们会去向哪里

不知不觉中，张力已从事微商事业近四年时间，从一个小代理发展到品牌战略合伙人，可以说经历了中国微商从出生到成长最重要的几年。她觉得现在的微商发展空间和前几年略有不同。之前是靠单打独斗，但现在靠的是团队、长线和服务。张力觉得微商是不会消失的，肯定会持续下去的，但是需要跟上时代的节奏，要不停变换，如果一成不变肯定会被淘汰。如果说2016年的关键词是团队，那2017年的关键词就是产品品质，因为没有品质就没有回购。现在微商太多了，而且会越来越多，在这么多的情况下靠什么竞争？只能靠品质。

张力说自己的偶像就是大家熟悉的电商之父马云，她非常关注马云的动态。不过，她坦言淘宝做得越来越下滑的原因就是品质没有控制好，这是淘宝最大的失误。

微商和淘宝不会相互取代，它们各有各自的特点。做微商是先谈感情，再谈交易；淘宝则是纯做生意。所以，微商更多的是情感营销。别小看简简单单的一个朋友圈微信广告，它可以说是用尽了心思。因为要做到吸引，可能是一张照片，也可能是一个小视频，或者一句话、一句广告词打动了顾客，就能使他们萌生购买的欲望。

对于目前的规划，张力觉得重中之重就是把团队带好，让每个人赚到钱。换句话说，成就别人就是成就自己。

“成功路上并不拥挤，因为坚持的人不多。”正是因为很多人会放弃，只要你能够坚持下来，就能突破瓶颈，收获一片光明前景。同时，得时刻保持一颗空杯心态，不能自满。张力就是以这样一种认真做事的态度，踏实地走好微商之旅。

4

The road to self actualization

自我实现之路

陈娅：冒险者的胜利

>>>

——Celia

在创业的路上，有人喜欢走熟识的路，以期更容易成功，而有人就偏喜欢在一片陌生的原野中踩出自己的路，从而获得更大的成就。这里有机会，也要冒更大风险，无论如何，第一个吃螃蟹的人都是勇气可嘉的猛士，陈娅就是微商行业里的“急先锋”。

在采访她之前，笔者通过网上的两段视频认识了她，视频里的她瘦弱清秀，面容姣好，一头披肩长发。一段视频是在寒冬的街道上，她迎着寒风向路人推销产品；另一段是她俯下身温柔地对女儿说：“宝宝，你去把传单发给漂亮的阿姨。”母女俩在闹市区温馨地发着传单。

为什么会带着女儿一起发传单呢？“我热爱我的工作，我对这项工作没有任何偏见，让女儿和我一起，我向她展示自食其力，她学会的也是自食其力，对她是一种锻炼，对我也是。”

当我们选择一种职业时，支撑我们做出决定的东西是什么？投入产出比？理想情怀？当红风向？他人的眼光？当职业不再只是个谋生的外壳，也许我们正赋予其更多的意义，无论这背后意味着什么。在微商中收获财富，也收获着财富之外的一切可能。

遇到机会就不能犹豫

陈娅所在的城市是被称为“中国酒都”的茅台镇，位于贵州省仁怀市赤水河畔，属云贵高原向四川盆地过渡的典型的山地地带。这里以酒闻名，国酒滋养了这片安居之所，给这座小镇酿出了历久弥香的气息，这儿的生活节奏也不如一线城市那般快速浮躁，对于新晋品牌而言，这座小镇宛若世外桃源。想要在这样的边区里，开拓出一片新的曙光，是机遇，也是挑战。

三年前，陈娅第一次接触微商就是因为波碧水，朋友给了她一张波碧水的面膜，她试用后被效果吸引，开始陆续从其他渠道购买波碧水产品，同时也推荐给自己的朋友。

“我找的卖家，相当会做生意，从不接受讨价还价，后来我打听到，原来那个时候波碧水已经有了不同等级的代理价，拿多少钱的产品就享受相应级别的价格。当我们在那位卖家手中已经拿了几万的产品时，她依旧一分钱不便宜的情况下，我隐约觉得，一定会有不一样的价格。”

做过酒生意的陈娅对商业有着较高的敏感度，她隐约意识到这是一个良机，与其等着别人去降价，为什么不学着自己去盈利？那时波碧水在仁怀市别说代理，连听说过这个品牌的人都极少，准确地说，仁怀市波碧水用户只有两名，陈娅和她推荐使用的那位朋友。

“我开始预想，如果这么好的产品，由我带到仁怀，推荐给更多人使用，那岂不是一件美事？既能自用，也可以卖出去赚钱。”于是她开始在网上搜索，寻找与“波碧水”相关的讯息，当时有一条招代理的信息吸引到她，她按着提供的电话号码试着打过去，而接电话的人正是如今“湘黔仁道”的团队创始人赵坤春，她告诉陈娅仁怀市还没有代理。“这对我来说太兴奋了，我就是想要拿下仁怀的销售权，我得争着做这个第一。”

陈娅毫不犹豫地给素未谋面的赵坤春汇款 3 万，第一次汇款五千，她心想“万一遇到了骗子，也最多被骗五千块。”但没想到汇款过去的第三天，她就收到了产品，并且得到了相关的销售指导和辅助，一鼓作气，她立马补满货款，拿下了仁怀市的销售代理权。

“如今回想这第一步依然很激动，不是每个人的一生中都能有幸参与到开拓一个新市场的机会，是实力，是合作，也是运气吧。”

第一个铺货到药房的人

“第一个月，我兴高采烈地通知所有亲朋好友我做微商了。那个时候在大多数人眼里，我是个命好的女人，衣食无忧，儿女双全，老公顾家体贴且事业有成，所以对于我的选择很多人并不理解。”

做微商真的不好吗?

“在我的心理，职业没有贵贱之分，微商有什么不好?不用开店、不用装修、不用操心房租、电费、水费，一部手机就可以做生意，24 小时随时待机，方便快捷，所以当时在我心里，满满都是信心。”

陈娅就是这样一个想到什么就要立马去做什么的急性子，家人看着一头扎进微商的陈娅，忧心忡忡，经常说她做事情不考虑后果。但至少今天看来，当时的“武断”为她带来的，却是意想不到的惊喜和收获。

第一个月做微商时，因为她的大力“呼卖”,3 万元的月度任务很快被亲朋好友“义气分割”。可到了第二个月 买产品的人逐渐少了，真正的挑战才刚开始。

“因为该照顾生意的都照顾了，而我还不懂如何在微商平台上去推销，那时候挺难的，没有系统授课，没有专业知识充电，没有人手把手教你如何销售产品，一切的一切都得靠自己。”

到第二个月、第三个月甚至第四个月时，陈娅的产品销量依旧惨淡，大部分货都堆在了家里，每月三万的任务很快如小山般堆积起来，眼看每个月都有新任务，她却不能将手上的货卖出去，压力之大可想而知。

所幸，陈娅天生执拗。“我是一个不服输的人，一旦选择做什么，就不会轻易放弃！别人能卖出去的，为什么我不能卖出。好几个晚上亢奋地睡不着觉，满脑子都在想如何卖货、卖货、卖货，越想越兴奋，越兴奋越睡不着，铺药房就是当时熬夜想出的点子。”

如上所述，国酒滋养了这儿的风土人情，也提高了这里的 GDP。居民的医疗水平较高，而且医疗保险系统完善，市民拿着医保卡就可以在当地医院购买药品等生活必需药品。把护肤品放在药房的柜台里，这就是给品牌的可靠度、安全度镶上了“金字招牌”。

“首先，我对我的产品有信心，我拿着产品去做过全项检测，适用于任何肤质，针对问题皮肤有改善修复的作用，并且，用医保卡的结余尝试一次护肤体验，比说服他们从口袋里掏钱要容易得多。”陈娅在开发医院渠道的起初也并不是一帆风顺，“做任何事都讲规矩，要尝试一个新领域可能会破坏某种利益关系，别人都是从专柜、商场开始进行推广，我却选择了药房，这其中的困难可想而知。”一次沟通的失败，并不会打击陈娅的信心，“多试试呗，只要在一家医院试点成功，其他的就很容易了。”功夫不负有心人，第一家医院试点成功后，在其他十几家医院也陆续成功上架，首战告捷。

越怕什么，就越要去做什么

铺药店仅仅是改变的开始，作为一个性格内向、不善沟通的人，能站在人潮拥挤的闹市区，向陌生人发传单，简直匪夷所思。

“把我推到人前，我会惶恐，但是想到自己要做什么，要做成什么，我还是会咬牙先试试。”

微信平台主要是基于互联网的推广，陈娅找到一些网站编辑去“取经”，学习那些“博眼球”的推广文章是怎么做到的。“我记得当时网站编辑还为我的产品推广文章起了一个特别有吸引力的题目‘仁怀美女妹子教你如何护肤’，下面登着我的大幅照片，用标题和图片先吸引人们去点击，然后点击进去才是我所卖的产品信息。当时我不同意用我本人照片，我就不是那种爱出风头的人，但编辑说只有这样，才会吸引更多关注。”

现在回想起来，这也是陈娅的网络营销实战课，“那篇文章登出后，加我微信的人特别多，我第一次知道，你的形象也是产品形象的一部分，研究消费者心理也很重要。”

做了一回“网红”后，陈娅对外界的关注不是那么胆怯了。为了让更多仁怀人知道波碧水的存在，除了找微信公众号、互联网商家做线上推广，她也开始把自己真正地推到终端消费者的面前。

“我记得当时一次性印刷了一万把扇子，一面是产品介绍，另一面有我的二维码。大热天拉着老公，开着车上街，寻到一个阴凉地方就停下来，看到年轻女孩就发一把扇子，还挨家挨户给店铺里的女老板也发扇子，进门的时候说一句，你好，请看一下我们的产品，大明星都在用。走的时候还不忘叮嘱，上面有我的二维码，有需要请加我。”

谁能想到当初极度内向的她开始发起了传单。“没做微商时，我活在自己的小圈子里，可以说我有一个固定的小圈子，从不让外面的人走进来，我也从不轻易走出去。做微商真的改变了我很多，以前我就是一个朝九晚五的上班族，因为在家人的照顾下，还可以什么也不管不做，孩子老公带、父母带，家务保姆做，我只管年轻漂亮、吃喝玩乐，不用被压力所迫，不用向谁低头，不喜欢的人和事我就走远点，自动屏蔽，生活一直平平稳稳的。”

自从做了微商后，陈娅发现一个崭新的自己——一个内心不会轻易言败的自己。

“现在没有时间去想吃喝玩乐，一有时间就想投入精力去研究如何做到更好，因为做了微商，我变得更开朗了。‘认生’曾经是我最大的困扰，一旦处在新环境、新的人群中，我就惶恐不安，虽然现在内心也如此，但至少不会表现出来，尝试去积极沟通。‘不主动，何来精彩故事？’这是我的座右铭之一。曾经还有个座右铭也是为了激励自己，因为以前有交往恐惧症，只认可自己圈内的人和事，抵触外界的一切东西，任何活动需要我，我都退缩到角落里，不敢接受人们关注的目光，不敢成为焦点，所以后来我经常反复告诉自己的一句话——你越是怕什么，就越要去做什么。”

我有酒，你有故事吗

微商并不是陈娅的“第一桶金”，“很多人把我想得很安逸，好像我一直衣来伸手、饭来张口似的，其实生活中我百分之百是自己给自己买单，我尝试过不同的生意，我感谢微商这个平台，感谢很多人，做微商我只是跑得比别人快一点而已，但我从这里得到了太多。”

在做微商之前，陈娅做过一段时间的酒业生意，做酒业生意的原因是源于一次小争吵。有次和老公斗嘴，陈娅脾气急，当场立誓“我陈娅发誓，你一年能赚多少，我一定会赚得比你更多”。而那时的陈娅，还不知道做生意是什么。“仁怀只有酒，特产茅台，那我就从酒开始吧。”她开始回忆身边的人做酒业的方法，怎么去包装，怎么去谈判，怎么去算账，各种摸爬滚打，她至今都记忆犹新。

“当我卖第一箱酒时，顾客要求我找车运过去，我那时还没有合作的物流，自己打出租车，一个人搬着一箱50斤重的酒去往车站。当天，半路下起了倾盆大雨，到了车站，我冒着大雨把酒艰难地抱到了另一个车上，找司机给顾客带上去，全身被淋成了落汤鸡。”

谁能想到一个体重不过百的瘦小女孩，能独自完成如此艰巨的任务。“那一刻心里依旧不觉得苦，经历种种，付出太多太多，我不能食言，当初的立誓一直在我心里，直至今天，我终于兑现了我当初的目标。”

“现在我还是自己搬货理货，虽然从小到大从未吃过这种苦，面对一大箱一大箱的产品，搬完下来腰都快断了。但内心是喜悦的，很有成就感，因为我从小骨子里就是个女汉子性格，我不要做靠男人养活的小女人，我一定要靠自己的实力去做一个自食其力的女王。”

保鲜婚姻、保持长久关系的法宝之一就是旗鼓相当、并驾齐驱，“你足够优秀，你的老公才会足够优秀，你的团队才会足够优秀，你的人生才会足够完美，这是一种成长的正向趋势。”所以每次到货，把大大小小几十箱的货理完，最短也要七八个小时，陈娅却从未觉得叫苦叫累过，“我很喜欢这种充实的感觉，实在太接地气了，到老了有故事可以吹。”

每一个创业者都需要有一种不服输的精神，就像陈娅，无论她选择做什么，她都一定会尽全力去做到最好。采访时，恰恰是她失眠的第三个晚上，在这几个不眠夜里，她都在思考今后的路，如何扩展团队，如何打造更专业的团队，如何将微商这个职业做得更长久、更成功，是包括陈娅在内所有微商面临的新课题，也是她接下来的新挑战。

罗艳霞：>>>
用“我的前半生”帮你种希望

——Celia

天空刚下完雨，午后的空气还夹着潮湿的味道，罗艳霞穿着一袭黑裙，微微颔首，面带典型的经理人微笑，表情礼貌、谦逊又热情。“你好，昨晚因暴雨航班延误了，早上才到北京，今天的采访要辛苦你了。”40岁却冻龄在20多岁的她只字不提奔波导致的睡眠不足和严重的水土不服，尽管她看上去急需休息。多年的职业经历和生活阅历赋予了她气质中的平静，让和她的交流很舒服。

罗艳霞，来自贵州省遵义市，一位普通而又不平凡的微商创业者之一，这是她第一次面对公众讲述自己的故事。

原本她有一份幼儿园幼师的“铁饭碗”工作，一个看似美满的婚姻，一份安稳的生活。然而一夕之间，婚姻破裂，经济拮据，上有步入高龄的父母，下有年幼多病的儿子，那时连孩子的医药费都凑不齐。一个离异的单身女人要面对生活的各种窘境，那时的罗艳霞经历了一段无比坎坷的心路历程。

如果没有这段难堪的经历，恐怕罗艳霞都不知道自己可以如此坚强。2013 年，她开始尝试利用微信平台推销护肤品，从默默无闻的小代理做到管理层。于是两年前辞去了幼儿园的工作，专职做起了微商，从白手起家，到带领 175 人的“湘黔仁道 Sunny 团队”，成为波碧水战略合伙人，只用了四年。

“我相信信念的力量，以诚相待，选择一个什么样的信念，就选择了一个什么样的未来。”

“我的前半生”，离婚开启我的新生

2017 年，电视剧《我的前半生》在国内热播，这部电视剧讲述了生活优越安逸的全职太太罗子君与丈夫陈俊生离婚后一切归零，在闺蜜唐晶及其男友贺涵的帮助下打破困境，进入职场，在自我成长中走向人生下一程的故事。朋友们都说罗艳霞是真人版的《我的前半生》，而她的人生遭遇实际上比剧中罗子君要戏剧得多。

在从事微商之前，罗艳霞有着令旁人艳羡的生活，在公立幼儿园当幼师园长，有着一个可爱的儿子和一个经商的丈夫，男主外女主内，有条不紊。

而就在这一年，刚刚三十岁的她做了一个决定：将户口本婚姻状态一栏更改为离异，独自带着孩子离开了那个看似“完美”的家。

“离婚是我提出的。”就在签署离婚的那一瞬间，罗艳霞第一次意识到，“造化弄人，人一直在找寻归属，然而人其实是无依无靠的。我和前夫是介绍认识的，没有什么感情基础，他忙于工作遇到什么不会跟我说，我也不会和他交流。我们虽然生活在一个屋檐下，却好似陌生人一样。他从来不关心这个家，每晚都是应酬，回到家醉醺醺的，倒头就睡。孩子因为早产，先天身体不是很好，常常生病。在孩子 6 岁前，都是我一个人带着孩子四处求医，时间久了，就开始有了负面情绪。”

前夫经商，生意虽然不大，但在小城市里经济收入也很可观，每月给她一笔生活费，让她养成了安于现状的习惯，可这样的钱让她越花越没有自信，朋友也越来越少。

“当时我有强烈的自我怀疑，不喜欢自己，也不喜欢分享。”罗艳霞毫不避讳地说起那个很差的自己，“朋友越来越少，每天就是两点一线，幼儿园和家，说来也许你不会相信，我连护肤品、化妆品都不再使用了，每天除了工作就是在家照顾孩子，化妆给谁看？买新衣服都不知道可以穿去哪里。一开始邀请朋友来家里玩还有人来，渐渐地人也越来越少了，我愈发觉得身边没有人肯定我。这些苦楚无人诉说。”

没有人关心，没有人认同，罗艳霞慢慢走入一个怪圈：“有时候我希望做点什么，但身边的声音都是‘罗艳霞只会相夫教子，她懂什么？’别人的看法让我变得敏感、没自信，任何一件事都会打击到我。”

决定离婚时，亲朋好友是极力反对的，觉得这种任性对于一个女人来说是一场灾难，双方既没有出轨，也没有家暴，离的哪门子婚？离开了经济来源，靠着微薄的收入怎么过日子？

然而罗艳霞还是离了婚，完全没有温度、没有爱的婚姻，宛同一座没有铁栏的监狱，让人无法呼吸，而释放文书就在自己手里。“我和电视剧完全不一样，罗子君是被迫离婚、被迫自强，而我是渴望离婚，渴望自强。不得不说，真的很奇怪，签完离婚协议走出那个房间的时候，我一下子觉得连空气都不一样了。”

但是没有开心多久，现实就给了她一个暴击。

“一开始想法很简单，我每月有固定工资，还考取了职称，所在的幼儿园是公立的，只要没有突发情况，我可以安安稳稳地干到退休。”她谈到“一眼望到老”的当初，

“但是事实证明，我太单纯了。”

“伸手拿钱”的日子结束了，罗艳霞不得不真正面对生活的各种困境，基本工资只够她和孩子的日常开销，孩子生病时，她连医药费都拿不出来，看着病痛中的孩子，她疯狂地想着各种办法赚钱。

想过做育儿中心，可实体店需要资金的投入量太大，只好作罢；也尝试过做电商，结果是第一轮就亏了本。逼到无奈处，她甚至想过借钱去赌一把，“当时我觉得自己什么都不会，只能想到什么就去做，胆子超级大，情绪却非常消极。常常上一刻还在努力，下一刻就开始哭，觉得赚不到钱怎么办，白天装着若无其事地去上班，晚上回到家，盘点屯着的货，想着看不到光明的未来，就开始哭，哭完又继续去做。”

那时候，微商刚刚出现，“各种品牌在朋友圈刷屏，有的圈了钱就跑。我开始做的时候，有人质疑我是传销。快看，离婚后走投无路的罗艳霞开始做传销了。”罗艳霞乐呵呵的调侃自己。

幸运的是，在无数次碰壁后，她终于找到了自己适合做的事情和平台。

成功微商，要从国际大牌手里抢客户

2012 年底，代购开始在朋友圈兴起，微商雏形初现，有人说“微商 = 消费者 + 传播者 + 服务者 + 创业者”，更有潜力的消费购买力、相对集中的人脉资源和更接地气的服务，给予了二三线城市创业者们追求财富的权利。

“我选择做微商并不是巧合，我曾经在同一个时间段代理过五个品牌，什么都想尝试，走过一些弯路，也摸索到了一些方法。有人说微商是传销，这些对我们的误解，也造成过很大压力，也想过放弃，但一路走来，乐大于苦吧。”

事情追溯到四年前，在朋友的推荐下，罗艳霞开始试用朋友卖的波碧水面膜，发现效果比大牌还好，就想着分享给更多的朋友。第一次拿货不多，但是囤在家里的那

一刻，她开始慌了，怎么卖，卖给谁，卖不出去怎么办？初出茅庐的“微商小代理”就这样失眠了。

遵义常住人口只有600多万，在这个宁静的小城里，女性消费者的购买力也如一湾宁静的湖没有什么大的波动，为了激发静中之动，罗艳霞想了各种办法，从朋友圈的口碑营销，到花样百出的地面推广，从一个包裹一个包裹的发送，到一个点一条线的团队扩展。罗艳霞尝到了创业的甜头、团队的力量，正如这座城市的传统秉性——吃苦耐劳和团结奋战，赋予了新生力和创新力的神奇生长速度。

“曾经有个很挑剔的客户，她只用国际知名品牌的护肤品，对我们的产品表示不屑，当着我们的面质疑产品的品质和价格，我尝试和她平等沟通交流，我们是卖国产货，但是我们对产品很有自信。”如今，这个“挑剔的客户”成了罗艳霞的手下的金牌代理。

“之所以能从国际大牌手里截位客户，也是因为我能把一个产品的好充分展示给客户，而它的品质也从不曾让人失望。”罗艳霞谈起了她的生意经颇有感触，“我现在只跟波碧水一个品牌进行合作，专心做好。可以说，波碧水承载了我的梦想，我很明确我要的是一个什么样的未来。这个品牌成为我改变的起点，微商营销给我了想要的商业模式，优质产品成了我成功的基础。”

成功就是，帮别人创造财富

微商代理制度大多数是分级别的，不同级别代理更像是不同层级的批发商，拼的是全面的能力。从这个角度上看，要在一贯遵守合法合规经营的波碧水集团做到高层级代理，除了个人能力，还得有“天时、地利、人和”。在这点上，罗艳霞不一定是能力最突出的那个，但是，一定是韧性最强的那个。

在早期开拓微商品牌市场时，因地制宜和属地化经营能够促进了品牌的传播。在波碧水集团的发展之路上看，云贵地区有着重要的战略意义，是最先起家，是拥有着最庞大的销售网络和最稳定的消费群体的重点市场。牵一发而动全身，当罗艳霞所在的团队“老大”离开时，坊间传闻四起，“这只团队基本上就废了。”这个时候，罗艳霞被推选为临时的团长，“大家也许是觉得我年纪最大，好沟通。”“乱世出英雄”，趁着群龙无首，她搭了一辆顺风车。

“一开始我就想要长久地做这个品牌，虽然身边的人泼了很多冷水，说这个是中高档护肤品，在小城市里做不长，但我依旧坚持要做。”

恰恰在这个时候，来自总部的平台支撑给了罗艳霞更多的信心，从产品到培训，日趋规范的管理让她在短时间内快速适应了新角色的变化。“当时我就想，既然总部这么支持我，我也应该用自己的能力证明一些什么。也许很多人认为我是个投机取巧的人，毕竟我之前只是团队一分子，还不是领导者。”她自嘲地说，“但现在我可以做了，时间会证明一切。”

她不再把时间和精力全部投入到消化库存、增加订单这些日常工作中，而是逐步转型到用管理的思维来带领团队共同成长。“经常要工作到深夜一两点，培训代理，还要总部沟通。”不再是“罗老师”，而是“罗姐”、团队的领头人，“我不会在乎别人是如何看待我的，以诚待人，用事实说话。”伴随着团队成员的扩充和业绩的提高，团队的人不再质疑她的能力，“只要让大家都赚到钱了，就没人会说你是通过什么方式上位的，这也是一种现实。”对罗艳霞来说，幸福是自己成为想做的那种人，而成功就是，帮别人也创造了财富。

人总是比自己想象的更坚强，或许这就是罗艳霞的命运，今年，罗艳霞已经 40 岁了，微信的名字已经从“霞”改为“罗艳霞—10 元扶持万人创业”，她用四年的时间把自己从某某的太太剥离出来，成为自己。

“很多时候，当下那个我们以为迈不过去的坎儿，过一段时间之后再回过头看，发现其实早就轻松跳过了，当下那个我们以为撑不过去的时刻，其实换个跑道，也许就能“柳暗花明又一村”了，所有没有将你打败的东西，都将使你变得更加强大。”

一个离异的单亲妈妈，背负着沉重的家庭负担，能够从一个小城市走出来，通过微商的平台创造出如此傲人的成就，相信每个人都能猜到她的路走得有多艰难。然而我们在她身上却感受不到一丝对过去的抱怨和颓丧，曾经的经历已经变成财富，做微商则让她变得无比自信、坚强、乐观。“从来不用护肤品”的罗艳霞，如今可以作为模特为自己的品牌站台，微信朋友圈里每天都更新着护肤体验，“我爱美，也爱我的工作和生活，我要自己生动起来。”

刘雪娇： >>>
做微商，女人可以很任性

——严芳

微商能够吸引众人加盟的一大特点就是门槛低，资金少没人脉或者没有自己事业的人都可以参与进来。所以往往在我们印象里，微商应该都是些需要增加收入、创造事业的人，但是当刘雪娇站在我面前时，我明显感觉到，这是一个很早就拥有自己事业做老板的人。

刘雪娇曾经拥有一家健身俱乐部，一家餐厅，和一间花艺工作室。习惯做老板的她身上带着说一不二的果断气质。“开始做微商，或许只是我的一时任性。”

任性做微商，只是因为我喜欢

眼前的刘雪娇身材高挑，妆容精致。专业健身教练出身的她能力超强、精力充沛，在家乡黑龙江经营着一家健身俱乐部，在牡丹江还组织了健美操协会，一边给学员授课，一边做协会和俱乐部的管理工作，工作游刃有余，日子也过得忙碌而充实，可以说是个出色的健身从业者。

在 2014 年年初，刘雪娇通过朋友接触到了波碧水。试用了这个品牌的面膜以后，觉得很特别，“我这个人比较爱美，爱时尚，喜欢和健康、美丽有关的事物，也比较注重皮肤的保养和美容知识方面的搜集，大约在 20 多岁的时候，就有了开一家美容院或者美容专柜的梦想，因此，一看到波碧水产品，尤其是用过以后，就感觉要做美妆品就要做它！”她说自己喜欢独断专行，仅用了一天的时间就决定做了——还有什么比“喜欢”更有趣的理由呢？

是不是因为俱乐部不太行了，想未雨绸缪早点寻找新的出路呢？刘雪娇坦言：“还真不是，其实俱乐部挺赚钱的。那时候健身市场不像现在这样竞争激烈，从当时的情况看，继续做下去，一点问题也没有，其他经营俱乐部的也都继续在做”。当时刘雪娇健身俱乐部面积有 500 多平方米，经营状况很好，每年都有可观的盈利，正是她所从事健身事业的顶峰期。

在“喜欢”的背后，是刘雪娇的性格里的不安分。她总喜欢新的尝试和挑战，她说自己就像一条八爪鱼，同时做两到三件事情会让她感到兴奋，虽然在此之前她从没有做过美容相关的工作，更不懂什么微商，却很有自信能把它们都做好。她觉得，冥冥之中搞美容、做微商似乎是她的宿命，波碧水说不定就是那个千载难逢的机会呢。

作为当地有名的健身教练，外加健身俱乐部老板的身份，在微信上卖东西会不会不好意思呢？刘雪娇说她丝毫不觉得：“我做了很多年的生意，没做健身俱乐部之前是给别人跳健身操，那个时候我也自己卖点健身服。商业不就是客户有需求而我刚好有合适的产品吗，这没有什么丢人的。”

微商做批发才能把生意做大

从未接触过化妆品销售和微商行业的刘雪娇选择了一个很低的起点，就是从最小的代理做起的。第一次她拿了 5000 元的货：要是真卖不出去就自己用了，没什么大不了，反正自己平时花在护肤品上的钱也不少。

虽说不给自己压力，从最基础做起，但她却把这事定位为长线发展目标。刚做的时候，由于级别低，拿货挺贵的，而她又坚持搞批发，自己留下的利润其实非常少。当时拿面膜就特别贵，但是她一直坚持，一盒挣五块钱也要往外批发出去。刘雪娇觉得不论做什么东西，只有产生较多的流水才能给自己带来理想的回报，流水低了，即使是每盒的利润都很大，也不能赚太多的钱，她看重的是长远发展，因此把精力放在培养代理和创建渠道上。

在朋友的眼中，刘雪娇身上有种江湖义气，愿意真心帮助别人。以前她当健身教练、开健身俱乐部，接触的很多都是大领导或者大老板，她反而跟人家保持着距离，你来上课，我很尊重，但我也没必要低声下气，因为和有钱有权的人很难交心。她对员工、对朋友以诚相待，遇到谁有困难总是及时地帮一把。正是靠着人品和口碑，她的身边聚集了一群真心朋友，愿意信赖她，跟随她。当大家知道她在做波碧水的代理后，不少人纷纷从她这里拿货，还有不少好姐妹二话没说就跟着她干。

那时候健身俱乐部生意红火，工作特别忙，她两头兼顾，很不容易。她首先得忙着教课、忙着日常管理工作、忙着参加各种健身培训，然后每天还要在微信上分享自己的护肤心得，做做推广，和代理沟通。但好在有家人和员工的支持，搬货、发货都有人帮忙，让她轻松了不少。

“刚开始做微商时，其他的品牌只知道发一发自己产品的图片，使用心得的反馈是从我们波碧水开始有的。波碧水客户反馈特别多，有了真实、细节的客户使用反馈之后，人们很容易从心里头去接受它。”使用波碧水的人越来越多，这让刘雪娇信心百倍。“最有意思的是，有的化妆品微商不用自己代理的产品，反而用我们的面膜，她们只相信我们的产品，这说明我们的产品品质非常可靠。”

“我的定位就是走流水。原来跟我一起同步的人，他们就想着零售，到现在仍然是一个小级别的代理。每个人的想法不一样，选取的道路决定了她能收获多少，能走多远。”回过头来看，刘雪娇认为自己当初选择的道路是正确的。

做事要专一，你不能同时追两只兔子

由于产品良好品质和刘雪娇在当地积累的大量人脉，在 2014 年—2015 年期间，她的代理事业蒸蒸日上，赚了不少钱。这时候，好奇心强、精力又旺盛的刘雪娇又开始不安分了，她又在寻找新的赚钱项目，准备再好好折腾折腾。

当时的健身行业竞争越发激烈，已经不太好做了，她的健身俱乐部已经经营数年，面临着要重新装修的问题，这可是一笔不小的投入。考虑到投入产出比，她果断地将健身俱乐部兑了出去。

喜欢热闹的刘雪娇在当地开了一家餐厅，这还不算，又和朋友合伙开了一家花艺工作室。总有一个是赚钱的吧？她幻想着餐厅顾客盈门将给她带来丰厚的利润，却没想到会等待她的却是两个无法填满的无底洞。这两个行业都是以前未从接触过的，尽管她投入了大量的心血和精力，但餐厅的经营完全不像看上去那么简单。作为新手，刘雪娇忙里忙外拼命折腾，餐厅经营还是很不顺利，很难盈利不说，事无巨细更耗费了她太多的精力。花艺工作室怎么样呢？它更像是一个爱好，只能勉强维持着。

屋漏偏逢连夜雨。本来经营得好好的波碧水代理业务，在这关键时刻却让刘雪娇遭遇了“滑铁卢”。因为饭馆和花艺店占据了她大量的时间，以至于顾不上和代理们好好沟通，对品牌推广也没有那么投入，碰巧又赶上微商行业变化、公司内部调整、对代理的扶持政策变化，很快，刘雪娇的微商事业出现了很多问题。“一夜之间，冒出了很多的微商品牌，各种恶性竞争和低价拉拢，导致代理流失严重，而且严重影响

了顾客对我们的信任。偏偏餐厅一刻也离不开人，当然就出了问题。”

执着的追求是取得成功的最大秘密。没有人能同时追两只兔子，更何况她还不止追两只呢。惨痛的教训让刘雪娇懂得了这个道理。现在该怎么办？刘雪娇开始反思自己，痛定思痛，这次她下定决心全身心投入只做一件事。她将餐厅交给老公打理，花艺工作室由朋友负责，自己重新回到波碧水的代理事业上来。

路子对了，事情很快就往好的方向发展。“从今年开始，公司的制度变得越来越好了，几乎每个月都有新的扶持政策出来，形势喜人；公司执行总裁孙总也给了我很大的鼓励。现在我只想全力以赴，积极开发新的客户和代理，鼓舞大家的士气。波碧水产品品质好，客户很认可，我们一定可以做得更好。”

刘雪娇身边也有些朋友想做微商，但又担心没有客户资源一直在观望。“资源不是天上掉下来的，你先做起来，慢慢地你才会有资源，才有团队。如果这一步始终都不敢迈，那就永远都没有自己的圈子，等待只能错失良机。”出于对刘雪娇的信任和对产品品质的认可，跟着她一起做代理的朋友越来越多。刘雪娇坦诚自己做了这么多年的微商，最大的收获就是认识了很多朋友，大家互相激励，互相帮忙，相处得特别愉快，这是她人生最大的财富。

态度决定结果。有能力、有资源的刘雪娇全情投入波碧水代理事业之后，短短几个月，她的业绩很快就有大幅回升，手下的代理也越来越多，不少人都赚到了几倍于工资的收入。在她的影响下，越来越多的人专职来做波碧水代理了。

说起这段被辜负的时光，刘雪娇直言对不起自己的团队，“是我做事情三心二意，精力太分散了，没有给她们起到一个好榜样。而且那时候我对团队关注很不够，没有全心为她们着想，该为她们争取的也没有做到。吃一堑长一智，这确实是我后悔的一件事情，今后不会再犯这毛病了。”

微商让我离梦想越走越近

很多女人做微商的初衷和动力是赚钱。虽然做微商的确让刘雪娇赚到了钱，但她觉得微商带给自己最大的收获是各个方面的成长。

之前的刘雪娇个性比较强硬，做什么事情都要按照自己的意愿来，她看不惯的事情，一点儿也不能忍，说话也比较生硬不留余地。做微商之后要带团队，在一个集体里方方面面她都需要照顾到，遇事学会包容大家，她开始慢慢磨掉自己的棱角，变得温和而有耐心，也愿意从别人的角度出发考虑问题，和人沟通不畅时她也会试着换一种方式。

之前因为忙碌，对老公多有忽略，沟通少，再自己加上个性强势，吵架成了家常便饭。现在她学会了以对待客户的心态来对待老公，自觉查找自己的不足之处，多站在老公的角度来想问题，多一些陪伴，如今，夫妻关系和睦了很多，更加恩爱了。

刘雪娇有一对双胞胎儿子，今年刚 7 岁，主要是婆婆在照顾，“这些年我一直忙于事业，没有太多时间管儿子，但我相信榜样的力量，我愿意给他们做一个榜样。”看到刘雪娇为了工作拼命，经常忙到半夜，儿子们很理解，还经常跟人说，不要打扰我妈妈，她在卖面膜。小小的孩子竟然如此懂事、聪明，这让刘雪娇特别骄傲。

刘雪娇最大的优点是乐观，极少抱怨，不开心的事情下一秒就能忘掉。不计较金钱，对手下的代理很大方，该鼓励的鼓励，该奖励的奖励。2015 年做得比较好的十几个代理，她自己出钱奖励她们去泰国旅游，其他的品牌代理很少有人这么做。“我做的是健康和美丽有关的行业，对公司或小伙伴们，我想传播正能量，把一些负面东西尽量缩小化，或者换一种方式将正能量传递给她们。做微商让我们变得更加快乐，我们收获了友情，赚到了钱，孝敬了自己的父母，照顾了家庭，让生活变得更美好。”

以美和健康为事业的刘雪娇是一个热爱生活的人，她最喜欢做的事情就是到处走走，看看不一样的风景，遇见不同的人，品尝各地的美食，她说每一次的旅行都会让她遇见更好的自己。走在成功路上的人，是快乐的，是积极的，在她家里挂着一张中国地图，她把自己每个去过的地方都画上特别标记，这是曾经的足迹。她的梦想是，带着一家四口画满这张地图。做微商让她朝自己的梦想不断迈近。

张晓敏：微商，正在成为经济新的增长点

>>>

——凉弘

有这样的一句话，人生有两条直线，兴趣与工作，但大多数人的两条直线是永不相交的平行线。而微商给了这两条直线一个交叉点，帮助处于迷茫期的人找到自我定位。在张晓敏看来，正是因为有兴趣，才会独具匠心地去做事。所以未来的微商创业者，一定是某个领域的专家，大工业时代是规模化生产，而未来微商将引领制造业回归工匠精神。

作为成功晋级为波碧水区域战略合伙人的张晓敏来说，微商创业不仅仅是一份获取财富的工作，更是一件自己愿意用心做好的事。对于目前微商的现状，张晓敏有着自己独到的看法，对她的访谈，更像是一场对微商未来走向的探讨。

女性的独立与爱情无关

张晓敏是张家口人，在西安读的大学，和老公是大学校友，毕业后为了爱情留在了西安。她的家庭条件不错，可以说很早就实现了生活的富足。自小就在蜜罐里泡大的张晓敏，从来没有感受到生活压力的滋味。

做微商之前，张晓敏做了几年全职妈妈，日子就像白开水一样单调，整日里无所事事，时常以逛街购物打发时间，过得寡淡无味。然而，“无滋无味”的生活也需要财力支撑，这点颇为让张晓敏郁闷。伸手要钱的日子并不顺心，时间越长，心里越来越难受，有些“寄人篱下”的感觉。她逐渐明白，婚姻很现实，这可能跟爱情无关，只有自己真正地独立才能获得尊重，而这种独立必须建立在经济的自立。经过这段苦恼而纠结的岁月，来自外在的压力促使着张晓敏决心做一番自己的事业。

张晓敏进入到微商领域，完全是因为时间比较自由。很多朝九晚五上班的人，收入不多，还没有时间照顾家庭。而80后、90后大多不愿意跟老人住，那就面临一个很现实问题，孩子谁带？保姆可以帮洗洗衣服，做做饭，但是养育孩子还得靠父母，尤其是妈妈。如果选择自己带孩子，就避免不了得为家里牺牲事业。而微商恰好是一种能够平衡这种状况的选择，不仅时间自由可以照顾家庭，同时也能够做一个属于自己的事业。这也是微商能够迅速发展众多从业者的原因之一。

在一次聚会中，张晓敏遇到了久未联系的朋友，双方交谈甚欢。了解到朋友不仅有了自己的公司，还买了别墅，事业做得红红火火。看着朋友鲜活的生活，再对比自己寡淡的日子，张晓敏受到了很大的刺激，觉得自己在家里待久了，真的要和社会脱节了。

朋友推荐了波碧水品牌，建议她试试做代理。同大多数初做代理的人一样，张晓敏遇到了冷淡、质疑甚至嘲笑，她开始有些犹疑。“原来的我不爱说话，也不喜欢表现自己，总觉得应该说得低调一点，把事做得漂亮一点，拿成绩说话才对。”而需要做大量推广工作的微商，对习惯踏踏实实做事的她来说，是一个不小的挑战。尤其是来自人们的质疑，人们都觉得微商是传销，都不怎么相信。所以，从事微商事业的人很难有满满的自信。因为这个社会没有给微商一个充分的认可，即使做微商做出一些成绩，心里也不是特别有底气。

但是朋友的一句话让她茅塞顿开："害怕变化的人通常都是内心不够强大的人，不知道自己能否驾驭得了未知的生活。"定下心来，她开始研究产品，挖掘有效客户，既然做了微商就要大胆向前，犹豫只能让人一事无成。

终于，越来越多的朋友找她订购产品。通过朋友的转发朋友圈，有更多的人加张晓敏的微信进行询问购买。发展至今，张晓敏已经拥有一支精明强干的销售团队，成为波碧水战略合伙人。

说到底，微商是一个时代产物，它不会因为一些误解和质疑就停滞不前。张晓敏说很多人对微商一开始认知不够，误认为是传销。不否认有些微商确实像传销，有点扰乱市场。但随着 2016 年微商法规的出台，行业管理会越来越正规，将来微商纳税也会成为必然，也意味着微商行业迟早会获得了更多人的认可。

打开了自己，是做微商的另一个成功

"实际上微商是一个靠诚信经营的圈子，对微商来说，最大的市场就是在朋友圈不断地销售自己的产品，同时展示自己的生活理念，但其实这面临一个很大的心理压力。"刚开始的时候张晓敏也会有担心，别人会不会说自己？别人是否笑话自己？但慢慢地就放开了，你有你的态度，我有我的做法，自己在朋友圈里发广告，对产品感兴趣的人自然不会觉得烦，不感兴趣的，屏蔽就是了。心理的平衡可以帮助到自己能够坚定的继续。

不过，也有一些方法可以帮助到微商消化一些负面印象，说到此张晓敏颇有心得。首先不能连续刷，需要隔开一段时间；其次不能单纯地复制广告，最好今天发一个采访，明天拍个图，尽量发一些走心的内容，适当加一些产品，这会减少“观感抵触”。

张晓敏在工作中养成了一个非常好的习惯，就是每一单都进行回访，询问她们使用的感觉。这样她慢慢了解了绝大多数消费者的需求点，并能尽快解决顾客的疑惑。一般来说，只要能解决客户的疑惑，买卖自然也会顺理成章地成交。

张晓敏认为，微商需要跟更多人去认识、了解，所以必须要改变自己狭隘的一面，让自己拥有海纳百川的心胸，接触更多的人。得到更多的人认同，也就意味着盘子越来越大，商机越来越多。所以必须不断地“撕开”自己。

微商的成功主要是充分利用了如今发达的移动社交功能，依托于社交平台的分享与宣传，主攻“熟人经济”，一对一的宣传营销，比任何一种商业模式都更具力度。每个微商都是一个自媒体，可以针对自己的圈子有针对性的营销，所以形式更为新鲜主动，传播也更加精准。但这需要从业者打开自己，接纳更多的人和更多观点，张晓敏认识到这一点，把自己变得更具包容心，同时把微商的服务做到完美，她的成功也就近在咫尺了。

为了爱好而工作是最开心的事

做微商之前，朋友们对张晓敏的定义就是整天只会吃吃睡睡的幸福小女人，而她自己还觉得自己过得很不错，现在想起来很可笑，也不清楚自己的优越感来自于哪里。做微商以后，见到的牛人太多了，她曾经有一度觉得自己太弱了，如同掉进尘埃里，普通得不能再普通。上上下下起伏了很久，张晓敏才平复了自己的心态，才静下心去做好自己的事业。或许内心的强大会决定自己的运气，心态好了，视野和心胸开阔了，想要的东西就更容易得到了。“我挺满意现在的状态，家庭幸福、孩子可爱、父母身体健康。我期待自己的事业可以做到更好、更大。”

有一次，老公用羡慕的口吻告诉张晓敏她比自己幸福，因为自己挣钱要养老婆孩子，没有资格选择喜欢干什么事，只有资格选择赚钱的事；而对她来说，却是选择了一件自己喜欢做的事。确实，张晓敏觉得自己很幸运，工作可以乐在其中，不怕别人的眼光，无所谓遇到困难。当一个人在为了爱好而工作，是最开心的事。张晓敏意识到自己做的越好，老公就越认可她。但她也明白，要想得到的更多，当然付出的努力也要更多，所以她不介意做项目培训熬夜到四点，可以连续工作很久不休息……张晓敏说，古人说天道酬勤，她有深刻的认同感。

张晓敏很欣赏格力老板董明珠，她觉得一个女性把实体企业做得能够撑起这么大的市场，为国家做出如此大的贡献，博得如此高的社会知名度高，非常了不起。“我也想成为她那样的人，即使我一辈子都达不到她的高度，但把她视为自己的目标，也是一种不错的激励，我也会在路上不停努力，这本身也就具有意义吧。”

张晓敏一直坚信微商会大有发展，甚至将会涵盖所有领域，现在朋友圈卖别墅、卖车比比皆是，包括很多大牌，比如香奈儿、雅诗兰黛也在微信圈推广，李嘉诚也在微信圈做产品。所以，微商是大势所趋。

微商现在在经历第二个五年时期，前五年可以说是野蛮生长时期，现在进入了正规化的平稳发展时期，也许还没到最高潮时期。随着市场的优胜劣汰，最后留下来的一定是正规军。

“现在我们很多团队都有几百人，在线下就是一个中小企业的规模了！而我们一个小团队创造的营业额更是上百万、上千万，甚至上亿，不久的将来，国家开始将微商正规化管理，我们微商就有可能成为为国家税收做出重大贡献的一群人！”

一个人走在创业的路上，会有拒绝、有反对、有不理解，会有汗水、有徘徊、有流泪，有很多阻力在阻挡着前行的道路，但是梦想会让你依然坚持下去。人生的价值产生在勇往直前的道路上。

所谓营销，核心并非产品，也不是品牌，而是人，是人心，是人性。可以说，得人心者得天下。张晓敏的理解就是自己得有“爱”，发自内心，学会感恩、学会感受、传递和分享，时时给自己充电进行滋养。做微商时间久了，张晓敏觉得自己的气质都发生了变化，变得更为温润了。原来有棱角，而现在变得和顺多了。做微商给她带来自我价值的提升是用金钱无法估量的。她觉得对女人来说，活得不空白非常重要，不论往前看还是往后看，人生始终是要有内容的。

赵坤春：缔造微商神话的女人

>>>

——严芳

采访赵坤春之前，我曾不断猜想，一个创造了微商行业销售奇迹的女人会是什么样子。资料里她走过的微商之路与大多数人不同。高智商、高起点、高业绩，绝非一般微商可比，那一串吓人的数字，或许能说明赵坤春成为业界翘楚绝非偶然。

2014 年，赵坤春所带领的波碧水湘黔仁道团队人数达 216 人，销售业绩为 1600 万；2015 年，团队人数达 649 人，销售业绩为 4500 万；2016 年，团队人数达 478 人，销售业绩为 1800 万；2017 年（1 月一 8 月），团队人数为 837 人，销售业绩为 3400 万！

仅用了短短三年多的时间，赵坤春从零开始一飞冲天，在贵州这片质朴的土地上，创造出过亿的销售额，将一个在当地不知名的品牌，打造成人见人爱的护肤品！她应该就是传说中缔造销售神话的女强人吧。

然而当赵坤春出现在我面前时，我无法把女强人这个词和眼前这个身材娇小、皮肤娇嫩的小女人联系到一起，这是一个将温情和干练融合得天衣无缝的女人。跟高情商女人聊天，真的让人如沐春风。相信每个了解她的故事的人都会忍不住感叹，真是一位优秀的女人！

不做富太，我要有价值的生活

“你负责赚钱养家，我负责貌美如花。”赵坤春有一个幸福的家庭，老公事业成功，女儿漂亮乖巧，在美丽的安顺，她是位人人羡慕的生活无忧的富家太太。家里有保姆，出门有司机，下班通常老公会开车接她，所用的东西清一色全是大牌，面膜都要用阿玛尼的。赵坤春就这么养尊处优地度过了近20个春秋。她很爱美，皮肤保养得像明星般细嫩，她很黏老公，“我就是个小跟班，老公同学聚会、朋友聚会，甚至读EMBA我都跟着，反正就要去。”

一份悠闲的幼儿园教师的工作没能让赵坤春获得成就感，近20年的工龄，说辞就辞了。很多人觉得可惜，但赵坤春觉得没什么，做不喜欢的事就是浪费生命。

辞职后，在家闲了半年。那是一段轻松到无聊的日子。

那时候她也准备选择这样的生活：学学绘画、插花、茶道，甚至搞搞慈善等等，做个娴静优雅、秀丽端庄的富家太太，把日子过得优雅自在。“每天起来就又没事干了。衣食无忧，家里有阿姨，我什么都不用干。老公很忙，他不可能一天到晚陪着我。我就把自己搞得花枝招展的，做点闲事，然后等闺蜜朋友下班陪我玩。”

然而这样的日子却会有着生命不可承受之轻。有一天她约好几个朋友下班一起聚聚，打扮停当后却收到朋友们爽约的消息。当时很生气，自己整整等了她们一天啊。尔后，冷静下来的赵坤春开始反思自己的生活：别人忽视你的时间，是因为你的时间没有价值！怎么能堕落到这种程度？自己的聪明才智还没有得到发挥，就这样安于现状，过着毫无价值的生活？

再也不能这样过！赵坤春开始躁动不安。她需要成就感，衣来伸手、饭来张口的日子，她想立刻结束！说干就干，她开始了各种考察，全国各地的跑，想找个适合自己的项目。西餐厅、咖啡厅，然后美容院、服装店，都一一去考察，但一时之间却无所收获。

蓦然回首：巧遇波碧水

2013年年底，赵坤春来北京旅游。北京的朋友告诉她说，这里天气特别干燥，一定要带上一些护肤品。准备了大牌面膜的她却遭遇了最难过的状态：一直水嫩的皮肤干的要起皮了！敷了面膜根本没有起作用。她在朋友圈发牢骚，北京这个破天气也太恼人了！天干的要疯了！

很快，有朋友回复她：我现在用的一款面膜很棒，给你试用一下。第二天见面，朋友带来一款叫“波碧水”的鱼籽面膜。这竟然只是个国产品牌，而且完全没听说过的品牌，连韩国货都不是。

用惯大品牌的赵坤春掩饰不住失望，朋友连忙解释说：“这个面膜你肯定没听说过，也确实没有什么知名度，价格也不贵，但是品质真的不错，你一定要试试。”

这一试，彻底扭转了赵坤春对波碧水的看法。她用过无数的大牌，对面膜的体验绝对是行家，波碧水面膜一贴上脸，她就感觉到，这绝对是好面膜，精选的好材质，敷在脸上那么滋润，从脸上揭下来依旧那么透爽。

她马上就打电话问朋友，在哪里买的？波碧水还有什么产品？她要买些带回去慢慢用。朋友把她介绍给卖家，卖家告诉她说，你要是拿五样产品，你就可以享受批发价，拿得越多价格就越低，很划算的。

她突然间灵光一闪，这不正是自己要找的生意吗？踏破铁鞋无觅处，得来全不费工夫。为找项目东跑西颠正焦头烂额之际，理想的产品就这么出现了。起步投资小，不需要店面，不用付员工工资，产品效果好，性价比高，在微信朋友圈分享一下就能销售出去。

不过，她需要再验证一下产品性能，所以年底她带孩子到三亚去玩时，就把波碧水全套产品都带到三亚去试验一下。他们在三亚待了一个星期，天天使用波碧水，她故意晒太阳，晒了一个星期皮肤居然没有那种发红、发痛的感觉，她终于放下心来。

不能不说，赵坤春是有生意头脑的，毫无经验的她一眼就看出做生意的基础：产品是核心！营销专家们总结出无数营销模型，但产品永远是1，营销则是1后面起放大效应的0，没有产品这个1，任何营销手段都失去了意义。

我做微商第一招：先送2万面膜

波碧水的门槛对于赵坤春的实力来说确实不高，全套零售价还不到4千元，最贵的套装也才1980元。这让赵坤春毫无压力，她琢磨着，好卖就卖，不好卖就留着自己用，反正自己也会买很多护肤品。

从三亚回来，赵坤春就开始投钱进去做，她觉得属于她的商机来了。第一次进货，她以批发价拿了10套。当时波碧水没有培训指导之类，她就自己摸索。

天助人愿，当时微信刚刚兴起。这是一个千载难逢的好平台，很多有眼光的商家借助微信平台快速发展，积累了大量财富。赵坤春自然也不会错过这个机会，她每天都在朋友圈晒自己敷面膜的情况，惹得一大群朋友围观点赞。

接下来是不是该着手卖了？她没那么急。当初自己接触波碧水的时候，也是将信将疑，试了之后才接受的。于是，她决定先拿出 2 万块钱的产品给大家试用！

朋友们一试，说坤姐这个东西真是不错，口碑几乎是百分之百的好评，都鼓励她赶紧把生意做起来。赵坤春反而不急，告诉朋友们，把那个面膜用完再说，看看皮肤是不是有改善，如果用得好，顺便也向身边的朋友宣传宣传。

原先准备送 2 万，这一送，成了习惯，远远超出了预算。直到后来生意做起来，有时候客户 58 元买个护手霜，她还会送人一百多元的面膜。赵坤春说，这就不仅仅是为了拉客户，更多的是推广品牌，因为当时的波碧水，知名度实在太低了。

送，自然无人能抵挡；送，把潜在客户的种种担心消弭于无形。

送着送着，询问如何购买的人越来越多，赵坤春觉得时机成熟了。2014 年初，她挑了个吉日，在家里面搞了一个货架，把波碧水的那些产品摆在上面，然后把这些好朋友邀到家里面去，告诉她们说，自己的微店开张啦，以后有需要的话，就来买哦。

采访赵坤春的过程中，有一个感觉贯穿始终——大气。这种感觉不是来源于她殷实的家庭，而是来源于她的性格，一种无须磨砺，与生俱来的睿智。把零利润甚至贴钱营销作为生意的开始，是如今很多网络服务商的流行做法，比如早年的滴滴、百度外卖等，当口碑确立后再占领市场，生意便稳妥多了。

做就要做大：每月拿货120万

从 2014 年初到 3 月底，赵坤春进的 27 万元货连卖带送，就这样没有了。

绝大多数商家在发展初期，都会经历一个漫长的爬坡过程，慢慢增加代理、回笼资金、积累经验，滚动发展。赵坤春不这么玩，她直接一飞冲天。

4 月份，她拿下遵义市的市代，20 万货款一个月，手下有一个代理。

5 月份，她拿下贵阳市的市代，又是 20 万一个月，增加了两个代理。

6月份，她拿下贵州省的省代，总计120万一个月，代理仍屈指可数。

……

心有多大，舞台就有多大。“我当时就是觉得这个产品口碑好，我要做大做强，叮叮唧唧地搞小批发，挣点小利润，我不干，我要赚大钱。”

可问题是，手头那么多的存货如何消化？要知道，如果卖不出去，进货越来越多，直接就会把商家压死，这样的例子比比皆是。

“肯定卖不完的。当时做遵义市代，我拿20万货的时候，每个月可能也就只能出五六万的货；拿贵阳市代的时候又增加了2个代理，总计2个市加起来能出15万多的货，而我当时每个月的任务就40万。其实我的货都是囤着的，真的，现在回想起来我的胆子真的是挺大的。”

不能不说，赵坤春的胆量非常人可比。

“拿下省代以后，每个月120万的任务，当时的销量每个月可能30多万，起码有80万的货是囤着的。然后到第二个月，又要进120万的货，我的货又只卖出40万，然后又贴了80万进去。当时我就觉得不行了，真的不行了，每个月120万120万这么投进去，这个不得了了。”

这么重的任务，这么多的囤货，这么大的投入，换作别人可能已经被压垮了，但是赵坤春却能顶住压力，开动脑筋，把危机变机遇，打了一场完美的阻击战！她是如何变戏法般搞定的呢？

成功微商，需要做到这四点

首先是找到痛点。这在商业上极为重要，是项目是否成功的基础。解决了痛点才会有商业机会，不解决痛点的项目，无论多努力，最后也一定会失败。赵坤春有这方面的天赋，她一眼就看出痛点在哪里。

“当时就发现很多人都在找机会增加一份收入，否则一个月 2000 块钱的工资能干什么？女生都要去买护肤品，而做波碧水的代理，你不用花大牌的价钱，却能得到甚至超过一些大牌的效果。又赚钱又利己的事情，哪个女人不喜欢呀？”

赵坤春正是凭这两点女人无法拒绝的理由，快速发展了一大批代理，到目前为止，代理团队 800 多人！这样的团队，出多少货都不令人惊讶了。

其次是选好主战场。她选择的是贵州。她生活在这里，非常清楚这里的人们是那么淳朴，又是那么渴望得到改善生活甚至改变命运的机会。

“有好几个代理是那种没见过我的面，只在微信上和我沟通过，说坤姐我觉得你是一个靠谱的人，然后就把 3 万块钱直接打我账上，起码有 10 个左右这样的人，我觉得还是蛮感动的。”

这就是选好主战场的魔力。如果她选择北上广，对方可能压根就不给波碧水机会，即便好不容易聊起来，可能左比右比，折腾很久也没有结果。

第三是先要流水不要利润。“零售价是 399 元的 BB 霜，我只赚代理两块钱。”既辛苦又不赚钱，为什么要这样做？赵坤春分析说，必须让资金流动起来，生意才能持续运转下去，如果一大堆货囤在家里面资金不能流动，那就是在作死。所以她把利润最大化让给代理，甚至不用她们先给钱，就把货先给她们，先去卖，资金回来了再给。

让市代享受省代的优惠价格，赵坤春给出了令人无法拒绝的优惠条件。波碧水的各种产品，她都是几乎不留利润地出给代理，毫无疑问，这一招得到了手下代理商们的一致拥护，她们竭尽所能地进货。

最后是勤奋。谋定而后动，目标明确，赵坤春全贵州拼命跑，常常夜里两三点还在用微信和代理们沟通。

“资源是需要挖掘的。把我全贵州的人脉，人脉的人脉的人脉，朋友的朋友的朋友，亲戚的亲戚的亲戚，每一个角落，县城，甚至小镇上我都到过，全贵州我都跑遍了。我的车后备厢里面永远都是波碧水产品，我把产品全部拎着，成趟成趟地送，就是让他们一定要。”

不辞辛苦的推介产品，联系代理，赵坤春的足迹遍及全贵州，一番勤奋的精耕细作后，收获也就在意料之中了。

“拿省代后第三个月压力就开始缓解了，我再也不用拿钱投进去了，第三个月起码有六七十万吧。不断有新人加入进来，代理们都在跑，销量就起来了。”

在赵坤春销售大战中，立下汗马功劳的是她通过“人脉的人脉”“全贵州跑”发展起来的代理们。战略合伙人是代理的最高级别，目前全公司有 40 多个，其中赵坤春输送的就占到 13 人，其他小代理加起来将近千人，她的团队创造了三年多销售上亿元的惊人业绩，团队的努力给大家都带来了丰厚的回报。可以想象一下，这支铁娘子军在销售方面能力有多强悍。

无论走多远，都不应忘记出发的地方

赵坤春做波碧水在业界有些名气之后，不断有声称挣大钱的爆款找过来，开出异常诱人的价码来寻求合作。他们直截了当地说，你把团队带过来，起码一单你就挣一百万以上，完全不像在波碧水那里做得那么辛苦，现在就是你得到回报的时候了。与此同时，他们也在不断挖角，对整个代理团队的冲击非常大，一些人经不住诱惑走了，没走的也开始动摇了。

赵坤春考察了他们公司和产品，很明显，这种产品就是在做短期套钱，确实能赚那一两百万，但信誉扫地，再没有第二回了。这一对比她更确信波碧水的品质高于一般产品，更加深了她对波碧水的信心，“都爱到骨子里了。”赵坤春说。

赵坤春看重长远利益，对无底线挣快钱的所谓爆款有着天然的警觉，拒绝是再正常不过的事了。但她手下相当一部分代理难免会想，能挣快钱有什么不好呢？爆款挣快钱，仿佛是巨大而炫目的肥皂泡，让她们意乱神迷，最终走上歧路。

当时有几个得力的市代都走了。她们一个人就是几市的总代，最多的是四市总代，

这对赵坤春的打击非常大。最初她们都是那样单纯又努力，但后来这些女孩子面对巨大利益的诱惑，未能保持初心，开始尝试赚快钱，还把其他代理拉过去，影响很坏。

赵坤春对这些想离开的代理展开各种挽留，但效果甚微。回头看看那些剩下不多的人马，这些人还是认可波碧水的，赵坤春觉得自己要对她们负起责任，还要让那些离开的人知道，她们选择是错误的。

爆款快钱的肥皂泡没撑多久就破灭了，那些和赵坤春一起坚持的代理们赢得了胜利。“之前有些代理和我实力相当，有些省代甚至比我还强，但最关键的时候我挺住了，而她们没能抵挡住诱惑，现在我是做得最好的，而她们差我十万八千里。”

有时候路走得远了，会忘记出发的地方。对于赵坤春来说，波碧水是她梦开始的地方，也是她的根基，她比其他人更清楚地认识到，放弃波碧水并不是放弃一个品牌，而是放弃自己事业的根基。

如今，公司管理和各项支持都更到位了，市场对波碧水也更认可了，新形势下，她正琢磨线上线下齐头并进。展望未来，她对波碧水的信心更足，她还给自己定下新目标，要给公司输送50位战略合伙人！

我的家庭：更有一番新气象

赵坤春开始做波碧水代理时，千头万绪忙得根本分不出时间来管孩子，而两个女儿恰好正处于青春期。这个时期很多家庭都会出现孩子学业荒废、父母和孩子之间关系紧张，孩子性格叛逆等现象，但是赵坤春家却完全没有。

赵坤春认为教育孩子的关键，是要成为孩子的榜样，而不是去做监工、当保姆。“妈妈的事业对孩子很有影响。妈妈很优秀，比同龄人年轻漂亮，受人尊重，孩子就会想以后要当妈妈这样的女人。围着孩子转的妈妈很容易遭孩子嫌弃，因为你不能给孩子提供更多的价值。如果我不做波碧水，当妈妈不会这么轻松，可能会付出更多的精力去对付女儿的叛逆期。”

现在，她和女儿们如同朋友一样，经常谈心，她们也特别听话。孩子也是她勤奋的动力，做微商无论遇到多少困难她都咬牙坚持，“无论遇到什么困难，我都会想，如果退缩了，两个女儿会怎么想？她们会失望的觉得妈妈也不过如此。”要给女儿们做榜样的想法支撑着赵坤春走过一个又一个的沟沟坎坎，最终成为孩子眼中了不起的妈妈。

一直以来，老公对赵坤春都非常支持，这让赵坤春非常感动。当初想辞职就辞职，没事就闲在家里，想做波碧水代理就做了，一投就是好几十万。后来凭着冲劲拿了省代一个月就要投进去120万的时候，老公只说一句，想清楚是不是真的那么想做？得到肯定的答复后，老公当即表态说，我就支持你一把。虽说家庭条件不错，但也不可能有那么多闲钱去做这么大没有把握的投资，不能不说，老公是尽全力来支持她的。正是有了这个最强的后盾，才有赵坤春后来的精彩。

有意思的是，老公以前虽然很宠她，但认为她不懂商业，在谈生意的时候，老公并不让她参与。现在遇到事情，老公不仅会征询于她，还非常尊重她的意见。她从内心没有安全感的无聊主妇，变成了充实骄傲的业界翘楚，她很喜欢这种感觉。

她有时候会想，要是当初不做波碧水，她跟孩子的关系现在肯定会很紧张吧，万一老公生意滑坡，家里开支收缩，老公压力变大，她又帮不上忙，肯定会很焦虑，变成怨妇了。

做微商成就了赵坤春，而赵坤春又成就了大批做代理的女人，同时这支铁娘子军在她的带领下，也把波碧水的知名度和销售额都提升到了一个新高度，这是让赵坤春特别有成就感的一件事。她们不仅挣到了可观的收入，更赢得了尊重，也让家庭更加和谐。展望未来，“铁娘子军们”对自己充满信心。

可以说，赵坤春的微商之路正是这几年中国微商发展的缩影。从面膜神话的微商起步到军阀混战的微商乱象，再到逐渐规范的拼团队、拼品牌、拼服务，她都一一经历。大浪淘沙，如她一样坚持下来并且获得成功的人并不多，但是微商无论是发展速度还是迭代速度都超过了已有十年历史的传统电商，因此挺过种种困难的赵坤春所获得的成功也是巨大的，而她的榜样作用，也必然会鼓励更多的女性加入微商的队伍，创造更多神话。
